AF610037

PROJET
DE
TAILLE TARIFÉE.

ECLAIRCISSEMENS AUX DIFICULTÉS.

Par Monsieur L'ABBÉ DE SAINT PIERRE.

TOME SECOND

R.
1477.
B.1.

À PARIS,
Quai des Augustins.

Chez { EMERY, à saint Benoist.
SAUGRAIN l'aîné, à la Fleur de Lys.
PIERRE MARTIN, à l'Ecu de France.

1723.

AVEC APROBATION ET PRIVILEGE.

SUPLÉMENT AU PROJET DE TAILLE TARIFÉE.

AVERTISSEMENT.

EPUIS l'impreſſion de l'Ouvrage j'ai fait pluſieurs Obſervations. J'ai ramaſſé avec ſoin pluſieurs Objections, & j'ai remarqué que l'on pouvoit faire uſage du Syſtême des Declarations & des Tarifs, pour rectifier diverſes autres impoſitions anuelles, & en banir pour toûjours les diſproportions exceſſives.

Ce Suplement eſt diviſé en trois parties. La premiere contient les nouvelles Objections; ſur quoi l'on obſervera qu'il y en a quelques-unes, dont les raiſons m'ont paru ſi ſolides, que je n'ai eu autre choſe à faire qu'à y donner les mains pour rectifier le projet du Reglement; mais à l'égard des autres qui n'ont pour elles que des aparences de raiſon, il n'a falu pour les faire évanoüir que les éclaircir.

A

Comme je conviens dans cette premiere partie de plusieurs corections à faire dans le modéle de Reglement, & par consequent dans les modéles des Registres & des Roles, il a falu doner de nouveaux modéles, corigez pour la comodité de ceux qui voudront s'en servir, & c'est ce que l'on trouvera dans *la seconde partie* de ce Suplément.

A l'égard des usages que l'on peut faire des Tarifs & des Declarations dans diférentes impositions anuelles; j'en done un exemple dans la troisiéme Partie à l'ocasion des Decimes & autres Subsides Eclesiastiques, peut-être qu'un jour je donerai des vûës pour se servir de cette même métode pour empêcher dorénavant les disproportions excessives, dont un si grand nombre de persones se plaignent, tant dans la Répartition de la Capitation, que dans la Répartition des Taxes anuelles sur les Provinces, sur les Bailliages & Sénéchaussées, sur les Paroisses, & sur les Familles des Péis d'Etats.

Il est de la bone politique de faire en tout observer la Justice: or en fait de subsides la proportion dans la Répartition, n'est-ce pas la Justice même?

SUPLÉMENT.

PREMIERE PARTIE.

ECLAIRCISSEMENS DES DIFICULTEZ.

OBJECTION I.

QUoique vous ayez bien averti de la diférence essentielle qu'il y a entre la Taxe de proportion ou de suposition, & la Taxe exigible, cependant beaucoup de Taillables qui ont vû le Tarif à quatre sous pour livre de leur Revenu, ont compris que vous propoſiez de les taxer réellement à cette some; ainsi pour leur ôter cette idée, ne vaudroit-il pas mieux mettre le Tarif à la moitié moins, c'est-à-dire, à deux sous, & tous les autres Tarifs moindres de moitié.

RE' PONSE.

Je croyois avoir sufisamment averti de la diférence entre la Taxe exigible & la Taxe de suposition; mais puisque mon Avertissement ne sufit pas, je croi qu'il est plus convenable de mettre tous les Tarifs à la moitié moins, & c'est sur ce pied-là que je ferai les modéles: il est vrai que les Taillables n'en payeront ni plus ni moins, puisqu'ils payeront toûjours réellement à proportion du mandement de l'Intendant, mais il n'est pas inutile de les contenter sur cet article.

OBJECTION II.

Vous proposez bien la maniere de regler le Tarif du Commerce, quand la journée du Journalier sera à huit sous, & quand elle sera au double, au triple; mais vous ne proposez pas la maniere d'operer, quand la journée du Journalier sera reglée à une somme, qui ne sera ni le double ni le triple, &c. par exemple, à sept sous, à onze sous, à treize sous, à dix-sept sous, &c.

REPONSE.

J'ai proposé pour Tarif du Commerce quarante sous par 200. liv. pour l'Election, où la journée comune du Journalier est estimée à huit sous par l'Intendant; j'ai dit que dans l'Election où cette journée sera estimée le double de huit sous, c'est-à-dire, seize sous, le Tarif de deux cens livres d'Efets en Comerce sera double, c'est-à-dire de quatre livres, mais comme il y aura des Elections de sept sous, de neuf sous & autres parties au-dessus & au-dessous, qui ne répondent ni au double ni au triple, il est à propos d'ajoûter au Reglement, *que le Tarif des Efets en Comerce augmentera ou diminuera de cinq sous pour chaque sou, dont la journée du Journalier se trouvera au-dessus ou au dessous de huit sous.*

Si l'on baisse de moitié tous les Tarifs, au lieu de quarante sous par deux cens livres, ce sera vingt sous, au lieu de cinq sous d'augmentation par chaque sou d'augmentation, ce sera deux sous six deniers moitié de cinq sous. Mais je répons ici sur le pied de quarante sous par deux cens livres qui est le Tarif proposé dans l'Ouvrage, dont voici le suplement.

Dans l'Election de huit sous, le Tarif du Comerce qui est de quarante sous, contient cinq fois la journée du Journalier, dans l'Election de sept sous, le Tarif du Comerce ne sera que de trente-cinq sous pour deux cens livres, parce que cinq fois sept c'est trente-cinq. Dans l'Election de neuf sous, le Tarif sera de quarante-cinq sous qui contient cinq fois la valeur du Journalier; dans l'Election de dix sous, le Tarif du Comerce sera cinquante sous par chaque deux cens liv.

OBJECTION III.

Il y a grand nombre de Paroisses dans une Election, dans laquelle on ne trouvera persone qui soit capable de tenir le Registre des declarations de la Paroisse, cependant ce Registre est la baze de tout l'édifice.

REPONSE.

1°. Ce Registre sera fait sur un même modéle distribué dans chaque Paroisse: ainsi tous seront uniformes, & si par la faute du modéle quelque Secretaire doutoit sur quelque article, il auroit facilement recours au Secretaire voisin, pour lever son doute, & celui-ci, s'il en avoit, auroit aisément éclaircissement du Subdelegué, & l'anée suivante le modéle sera perfectioné & rendu plus facile à imiter; ainsi le nombre des doutes ira toûjours en diminuant, & à la fin il n'y en aura aucun.

2°. Ces fautes & ces doutes ne seront jamais sur aucun article tant soit peu important, parce que le Reglement sera clair, & parce que le modéle n'omet rien d'important.

3°. Ces fautes ne se feront au plus que dans la vintiéme partie des Paroisses: ainsi il y en aura dix-neuf qui auront compris l'esprit & la métode du Reglement, & l'on remarquera facilement dans les Elections où l'on fera les essais, ce qu'il faudra ajoûter pour se faire entendre aux Secretaires les moins intelligens.

4°. Il n'est nullement necessaire que le Secretaire ne soit Secretaire que d'une Paroisse, ni qu'il demeure dans cette Paroisse; ce qui est necessaire, c'est qu'il n'en soit pas fort éloigné, comme d'une ou deux lieuës, pour la comodité des Declarans; or, par exemple, dans saint Pierre Eglise, petit Bourg de moins de trois cens maisons, il y a neuf ou dix persones qui tiendroient très-bien de pareils Registres pour les Paroisses voisines d'une lieuë à la ronde: & l'on trouvera ainsi que de Bourg en Bourg, il y aura suffisamment de sujets capables de tenir le Registre des Paroisses environantes.

5°. La Cour pouroit même enjoindre aux Intendans de nomer dans une Election de cent Paroisses un Secretaire, teneur des Registres des declarations pour environ mille ou deux mille Taillables, avec le droit d'assister à la confection des Rôles, & peut-être que le même Secretaire pouroit prendre des Colecteurs, la colecte à forfait, sur tout si les deniers de colecte étoient à un sou six deniers pour livre; Or cinq ou six pareils Comissaires seroient très-instruits des détails de leur département, & par consequent très-capables d'en rendre un compte exact à l'Intendant dans sa tournée, ils seroient encore très-propres à hâter & à faciliter la confection des Rôles, ce qui est un grand objet dans le recouvrement: or cela épargneroit de grands frais à un grand nombre de Paroisses, lorsque les Rôles ne s'y font pas dans le tems prescrit; je tiens cette observation d'un Intendant habile & zélé pour le bien public.

6°. Un même homme pouroit facilement tenir les Registres de vingt Paroisses de cent familles chacune, & doner à chaque Paroisse sa semaine pour ses declarations, en observant de doner les Fêtes & Dimanches pour les pauvres Taillables de la seconde & troisiéme Classe, qui ont plus besoin de leur tems & de leur travail pour leur subsistance.

7°. Les déclarations l'une portant l'autre, ne demandent pas plus d'un quart d'heure à chacune: ainsi un Secretaire peut faire vingt déclarations en cinq heures; mais je supose sept heures, ce n'est au plus qu'un jour, ainsi il peut expedier une Paroisse de cent familles en moins d'une semaine, & par consequent depuis le premier Avril jusqu'au premier Juillet, il pouroit facilement expedier vingt Paroisses, sur tout s'il y avoit été stilé durant plusieurs anées, & qu'il eût ses Registres de l'anée précedente pour modéles, & qu'il fût secouru par celui qu'il destine à lui succeder dans le même travail.

8°. L'experience aprend que pour les autres subsides on ne manque jamais de Buralistes, & qu'on en trouveroit six pour un; ainsi ceux qui font l'objection, ou n'ont pas assez de conoissance de la capacité & du nombre de ceux qui sont capables de tenir le Registre des declarations, ou ne font pas assez d'atention au peu de capacité qu'il faut pour suivre un bon modéle qui sera court, & cependant facile à comprendre, d'ailleurs le Subdelegué aura la faculté de choisir dans chaque canton, dont un Bourg sera le centre; un Secretaire assez habile & assez intelligent pour bien remplir un pareil Emploi, qui sera & honorable & sufisamment lucratif par le droit de six deniers pour livre qui y sera ataché.

OBJECTION IV.

Je croi vôtre projet très-bon, très-praticable en lui-même, & beaucoup meilleur que tous ceux qui ont été établis & proposez jusqu'ici, mais quand il seroit encore dix fois meilleur, le Roi peut-il jamais le mettre en pratique, que par le ministere des Intendans & de leurs Subdeleguez ? Or ne voyez-vous pas d'un côté que ce seroit pour eux une grande augmentation de travail, & de l'autre une grande diminution de leur pouvoir, puisqu'ils ne pouroient plus ni augmenter ni diminuer à leur volonté les Paroisses, ni augmenter la Taxe de certaines familles dans chaque Paroisse ?

Il n'y a donc qu'à perdre pour eux dans une pareille entreprise, à moins que la Cour ne les dédomage de cette perte & de ce nouveau travail, par des pensions eux & leurs Subdeleguez, lorsqu'ils auront employé leurs soins & leurs peines pour faire l'établissement.

Suposons vingt Intendans à 6000. livres de pension, & deux cens Subdeleguez à 1000. livres l'un portant l'autre, c'est 320000. liv. de pension, il faudra encore plus de 40000. liv. pour entretenir un Bureau sous la direction de l'Intendant des Finances, qui a le département de la Taille, pour diriger ce nouvel établissement & pour le perfectioner tous les deux ou trois ans par quelque nouveau Reglement ; Or comment voulez-vous que le Roi s'engage présentement à payer ces pensions, sans augmenter la Taille de pareille somme ?

D'un côté les Taillables ne sont-ils pas déja trop chargez ? De l'autre, le Roi a-t'il dequoi payer plus que le courant des charges anuelles ? Il faudroit donc atendre un tems où le Roi seroit en état de diminuer la Taille, & alors il feroit la diminution moindre de ces trois cens soixante mille livres ; mais ce tems heureux n'est pas encore venu, ainsi jusques-là vôtre projet, quelque avantageux qu'il soit ne peut jamais être mis en pratique.

REPONSE.

1°. Il faut que le Conseil comence par faire trois ou quatre essais dans trois ou quatre Elections; si ces essais réüssissent & qu'il deviene évident au Conseil qu'il résultera de très-grands avantages de l'établissement général, soit pour le gros des Taillables, soit pour le gros de la Noblesse, soit pour le gros du Clergé, soit pour la facilité du Recouvrement, & pour la diminution des restes, il sera évident que, si pour procurer aux Taillables un profit de plus de cent milions par an, il faut leur demander une petite partie de ce profit, par exemple, une some de cinq cens mille francs, ou la deux centiéme partie de ce profit, le Roi ne peut pas se dispenser de la leur demander, ce n'est que deux deniers pour livre de soixante milions; or on a vû que ce profit anuel ne peut pas être estimé moins que cent milions.

2°. Il faut considerer à l'égard de l'Etat, que ces pensions s'éteindront, & que le benefice qu'elles auront produit à l'Etat, ne finira qu'avec l'Etat même.

3°. Quand le Roi tire soixante milions des Taillables, tant de la Taille principale ou mere Taille, que des autres impôts que levent les Colecteurs sur les Taillables, il n'en revient aucun profit particulier aux Taillables, si ce n'est de soûtenir par leur contingent la fortune générale de l'Etat, qui soûtient la fortune particuliere de chaque sujet, au lieu qu'en payant ces deux deniers par livre d'augmentation cette anée, il leur en reviendra dès cette anée un profit particulier, qui sera très-considerable, ils auront moins de frais, moins de procès, procès moins coûteux, plus de credit, plus de bestiaux, plus de terres cultivées & mieux cultivées, plus de sureté de leur fortune, plus d'union entr'eux, plus de secours mutuels, plus d'encouragement au travail & à l'industrie, il y aura moins de journées perduës, moins de familles obligées de quiter leurs Paroisses, moins de mandians, moins de fainéans, moins de voleurs, les Manufactures seront multipliées, les Comerces maritimes plus fréquens, & plus grands, les Comerces interieurs du Royaume infiniment augmentez, au grand avantage des peuples, parce que les Taillables qui travaillent profiteront davantage de l'augmentation du Comerce, & en tireront un nouveau revenu; or qui est celui qui ne doit pas doner cinq cens francs de rente viagere dès cette anée, pour acquerir dès cette anée plus de soixante

soixante mille livres de rente perpetuelle? Qui est le Tuteur qui ne voudroit pas retrancher ou de la dépense, ou de la recette anuelle de son pupille cinq cens livres de rente viagere pour lui acquerir un revenu perpétuel de vingt mille écus? Ne seroit-il pas blâmé de tout le monde? Or le Roi n'est-il pas le Tuteur de son peuple?

OBJECTION V.

La journée de l'Artisan ne vaut au plus que le double de la journée du Journalier, donc la Taxe de l'industrie de l'Artisan ne doit pas être plus que double de celle du Journalier.

RE'PONSE.

Je me rens à cette raison, & je croi qu'il ne faut mettre la Taxe de la seconde Classe, qu'au double de la Taxe d'industrie du Journalier, & la Taxe de la premiere Classe au quadruple de la Classe du Journalier.

OBJECTION VI.

C'est une grande contrainte pour un Marchand de déclarer même en gros sur le Registre de la Paroisse la valeur des éfets qu'il a en comerce, déduction faite de ses dettes; & d'ailleurs un Marchand qui n'a que quatre mille livres d'éfets en marchandises, a quelquefois pour quarante mille livres de credit, parce qu'on le croit plus riche qu'il n'est en éfet.

RE'PONSE.

1°. Si ce Marchand aime mieux demeurer exposé, come il est présentement à la discretion arbitraire, & à l'injustice des Colecteurs, pour l'article des éfets qu'il a dans le Comerce, en ne donant sur cet article aucune déclaration pas même en gros; il en est le maître, il n'est pas dans l'obligation de faire sur cet article aucune déclaration, pas même de déclaration en gros; ce Reglement lui done seulement liberté d'ufer de la voye de la declaration, comme un azile pour éviter la vexation des Colecteurs.

2°. Il faut que le Marchand opte ou de laiſſer aux Colecteurs le droit d'eſtimer les éfets qu'il a dans le Comerce, & de demeurer ainſi expoſé à leur pouvoir arbitraire, ou de faire lui-même cette eſtimation; mais de mille Marchands vous n'en trouverés qu'à peine un ſeul, qui choiſiſſe d'avoir les Colecteurs pour ſes Juges, lorſqu'il peut être lui-même ſon propre Juge; donc la liberté que le Reglement donera au Marchand de déclarer en gros la valeur de ſes éfets, déduction faite de ſes detes, eſt réélement un grand avantage pour lui, & par conſequent pour la conſervation des Comerçans, & pour l'augmentation du Comerce.

3°. Tout le monde ſait combien la Taille arbitraire a ruiné de Comerçans: combien elle en a chaſſé des Bourgs & des petites Villes Taillables, combien elle en empêche actuellement de s'y établir. Or il eſt évident que la Taille Tarifée n'en ſauroit jamais ruiner aucun, & qu'elle n'en obligera jamais aucun à quiter ſon Comerce, & ſa Manufacture pour ſe retirer dans une Ville exemte.

4°. Que le Marchand compare donc préſentement les deux métodes: dans l'une il a de la répugnance à déclarer la valeur de ſes éfets en gros, dans l'autre il a la crainte des Taxes exceſſives & ruineuſes.

Il n'y a point de replique à cette réponſe, le Marchand ne peut opter qu'entre deux maux; c'eſt un mal que de doner la declaration des éfets qu'il a dans le Comerce; mais declaration qui lui aſſure la conſervation de ſa fortune. C'eſt un autre mal que d'être tous les ans expoſé à des Taxes exceſſivement diſproportionées, & perpetuellement tourmenté par la crainte trop bien fondée, de voir en peu d'anées ſon induſtrie & ſon travail inutiles, & ſa fortune entierement renverſée, qu'il choiſiſſe entre ces deux maux; or ſi le mal de la declaration eſt le moindre, l'objection eſt mal fondée; ſi la declaration eſt un plus grand mal, l'objection eſt encore mal fondée, puiſque le Marchand par le Reglement n'eſt point obligé de déclarer la valeur des éfets de ſon Comerce, il a ſeulement la liberté & la permiſſion de ſe ſervir de la voye de la declaration contre la vexation.

OBJECTION VII.

Ce qui peut faire plus de peine au Marchand, ce n'est pas la declaration en gros, c'est la declaration en détail.

REPONSE.

De mille Marchands il n'y en aura pas un qui soit forcé à doner sa declaration en détail. 1°. Parce que de son côté il aimera mieux payer une pistole de plus que de risquer d'être assigné par les Colecteurs en fausse declaration, & de risquer d'être condamné au quadruple envers la Paroisse, & à deux cens livres d'amende. 2°. Parce que du côté des Colecteurs ils n'entreprendront jamais un procès incertain, de peur de pareille amende & de tous les dépens du procès; & coment seroient-ils surs du succès, eux qui voyent que le Marchand Taillable a de la répugnance à donner sa declaration en détail, & que s'il y est forcé, il faut qu'il soit seur de s'en dédomager contre les Colecteurs par la punition de l'amende; or un inconvenient si rare, qu'il n'en arrivera pas un semblable en quatre Elections, n'est plus un inconvenient, qui merite consideration; mais quand chaque Marchand auroit à essuyer un pareil procès contre des Colecteurs ses enemis déclarez, encore seroit-il plus content d'avoir une loi & un Tarif ou point fixe, & sa declaration pour azile, que d'être exposé au pouvoir arbitraire de gens que l'on supose injustes & ses enemis, & toûjours par cette maxime reçuë de tout le monde, que de deux maux il est avantageux de pouvoir choisir le moindre.

On peut même en faveur du Comerçant mettre dans le Reglement, *qu'il sera libre au Marchand de ne point user du benefice du Tarif du Comerce, & de ne point déclarer même en gros la valeur des éfets qu'il a dans le Comerce, & qu'il poura à l'ordinaire s'en raporter pour sa Taxe de Comerce à la discretion & à la conscience des Colecteurs.*

J'ai encore parlé de la matiere du Comerce dans les Réponses à l'objection 4. du Projet, à l'objection 23. & à l'objection 47. il est à propos de tout lire.

OBJECTION VIII.

Je conviens que par vôtre métode la proportion étant établie dans les diférentes Repartitions entre les Généralitez, entre les Elections, entre les Paroisses, entre les familles, il n'y aura plus de restes, ou qu'il n'y en aura presque point en comparaison des restes d'aujourd'hui; mais savez-vous bien que ce sont ces grands restes qui empêchent les augmentations de la Taille, parce que les Ministres disent, *qu'il est inutile de faire une nouvelle augmentation, lorsque l'ancienne Taille ne sauroit se payer en entier;* Or cette consideration les arête.

REPONSE.

1°. L'experience des quarante dernieres anées nous prouve qu'il est très-faux que la consideration des restes empêche en rien l'augmentation de la Taille; car depuis quarante ans il y a eu quantité de grands restes, & cependant il y a eu malgré les grands restes quantité d'augmentations considerables dans la Taille, c'est que dans une Paroisse où il y a cette anée des restes par la ruine de plusieurs familles excessivement taxées, la Taille de l'anée prochaine se repartira sur d'autres familles, non encore ruinées, & on en ruinera ainsi quelques autres, mais moins par l'augmentation excessive de la Taxe, que par la disproportion excessive, avec laquelle elle est répartie.

2°. Qu'il y ait eu l'anée derniere six milions de restes sur la Taille, que la Taxe de la Taille soit augmentée cette anée de deux sous par livre de la somme de soixante milions, c'est-à-dire, de six milions cinq cens mille livres de restes, c'est-à-dire, cinq cens mille livres plus que l'anée passée; mais le Roi tirera cinq milions cinq cens mille livres de plus qu'il n'auroit tiré: ainsi la consideration des restes n'empêche jamais l'augmentation de la Taille.

3°. Il faut bien remarquer que la ruine qui vient de la disproportion dans la répartition est très-considerable, qu'elle croît encore considérablement tous les jours, & que les Taillables protegés seront obligés de porter à la fin eux-mêmes le fardeau presque tout entier, & qu'ils seront ainsi dans peu d'anées ruinés à leur tour, & d'autant plus prontement qu'ils auront contribué à ruiner plus prontement les Taillables de leur Paroisse.

4°. Deux causes peuvent conspirer ensemble à la ruine des Taillables, la Taxe generale, lorsqu'elle est excessive, & la Taxe particuliere d'un grand nombre de familles, lorsqu'elle est excessivement pesante pour les familles non protégées, & trop legere pour les familles protégées; il est vray que vous n'ôtés pas la premiere cause par les Tarifs; mais n'est-il pas vrai que vous ôtés la seconde par ces mêmes Tarifs? Ce sont deux grands inconveniens dans un Etat Despotique, mais ne vaut-il pas beaucoup mieux pour l'Etat & sur tout pour le gros des Taillables de n'être plus sujets qu'à un de ces inconveniens, que de rester sujets à tous les deux? Et puis comment s'imaginer que le Roy & son Conseil ne craignent pas de ruiner le Revenu de l'Etat, en ruinant ceux qui payent ce Revenu? Il ne s'agit que de leur montrer évidemment la ruine qu'ils vont causer par des Taxes excessives, & comment leur montrer avec plus d'évidence, que par la connoissance seure & exacte, que les Tarifs donent nécessairement du Revenu des sujets?

5°. Il n'y a ordinairement que trop de flateurs dans les Cours, qui assurent le Roi, que ses sujets, quoique se plaignant, sont encore mieux traitez par les Taxes, que les Nations voisines par rapport au Revenu de chaque famille; & le discours de ces flateurs n'est que trop facile à croire par les Souverains; mais la métode des Tarifs & de la declaration volontaire renduë juste tant par l'amende que par l'interêt de la Paroisse & des Colecteurs à profiter de l'amende, montrera évidemment au Souverain que le Revenu de ses sujets n'est pas à beaucoup près si grand, que ces flateurs veulent le faire connoître.

J'ai encore parlé de cette matiere dans la réponse à l'objection 16.

OBJECTION IX.

Bertran Taillable de la Paroisse de Saint Pierre, & qui

y a ſon domicile, a des terres en proprieté pour la valeur de cent livres, dont il jouit par ſes mains dans la Paroiſſe de Varouville contiguë, il tient à ferme dans la même Paroiſſe de Varouville, une portion de terre qui peut être eſtimée quatre-vingt livres; il tient encore à ferme dans ſon même bail du même proprietaire, une autre portion dans la Paroiſſe de Clitour, contiguë à Varouville, qui peut être eſtimée 120. liv. le même Bertran par ſon même bail en tient à ferme du même proprietaire dans la Paroiſſe de ſaint Pierre où eſt la maiſon de la ferme pour environ trois cens livres; il poſſede lui-même dans la Paroiſſe de ſaint Pierre des terres en proprieté, dont il jouit par lui, eſtimées cent cinquante livres.

Taxerez-vous Bertran dans les trois Paroiſſes? Sera-t-il expoſé à la pourſuite des Colecteurs de ces trois Paroiſſes, ou bien ne ſera-t-il ſeulement taxé que dans ſaint Pierre, où eſt ſon domicile pour les divers heritages qu'il a ou en proprieté ou à ferme dans ces trois Paroiſſes?

Bertran ſera-t'il obligé de faire declaration dans ces trois Paroiſſes, & de faire lui-même des eſtimations des portions de terres, dont l'eſtimation n'eſt point faite dans ſon bail?

Il y a plus, c'eſt qu'une Paroiſſe peut très-bien être contiguë à deux Paroiſſes, qui ſoient de diférentes Elections, & même de diférentes Généralités; Or ſi les Colecteurs des trois Paroiſſes ont droit ſur Bertran, il payera une partie de ſon ſubſide dans trois Elections, & peut-être dans trois Généralitez, il ſera ainſi juſticiable de trois Juriſdictions, & de trois Intendans; embaras dont il eſt à propos de le préſerver, & cela ſe peut facilement par le plan de la Taille perſonelle; ſelon lequel Bertran n'ayant qu'un domicile, n'a à répondre qu'aux ſeuls Colecteurs de la Paroiſſe de ſon domicile, tant pour les terres qu'il exploite, comme proprietaire, que pour celles qu'il exploite comme fermier dans ces trois Paroiſſes, que je ſuppoſe de trois Elections, ou même de trois Généralités diférentes; c'eſt l'inconvenient des diviſions, c'eſt un inconvenient néceſſaire, parce que les diviſions ſont elles-mêmes néceſſaires.

RÉPONSE.

1°. Il y a dans diférentes Generalités diférentes manieres pour la perception des droits de la Taille; j'ai pensé lorsque j'écrivois le Projet, qu'il vaudroit mieux que le même Taillable fût taxé en diférentes Paroisses; & cela parce que les terres seroient estimées avec plus de justesse dans les Paroisses où elles sont situées; mais après avoir consideré les inconveniens qu'un Taillable fût taxé en diverses Paroisses, en diverses Elections, & peut-être en diverses Généralitez, j'en reviens à croire, que les moindres inconveniens sont du côté de ceux qui demandent que le Taillable ne paye que dans la Paroisse de son domicile.

2°. Il est certain que par raport au proprietaire qui joüit de ses terres dans la Paroisse voisine, il ne peut pas tromper les Colecteurs de sa Paroisse dans sa declaration, puisqu'il leur est aussi aisé de conoître dans leur voisinage la valeur des terres de la Paroisse voisine que dans leur propre Paroisse.

3°. A l'égard des terres comprises dans un bail, l'estimation du total est censée faite avec justesse, par la convention entre le proprietaire & le fermier; or cependant il n'y a de terres que celles dont joüit ce proprietaire, ou celles qu'il baille à ferme.

4°. Si les Taillables de saint Pierre exploitent des terres dans Varouville, ceux de Varouville en exploitent dans saint Pierre, & pour tirer le droit du Roi sur l'exploitation, il est plus facile & plus simple, que les Colecteurs s'adressent uniquement à l'exploitant à son domicile.

5°. Je sai bien qu'il peut arriver que la moitie des terres d'une Paroisse soient exploitées par les Taillables des Paroisses voisines, sans qu'aucun de ses habitans en exploite hors la Paroisse; mais comme cette Paroisse ne sera pas taxée à proportion de l'étendue des terres exploitées par d'autres Paroisses, mais seulement par raport aux declarations des exploitations des habitans de cette Paroisse, elle ne sera jamais surchargée, & comme les Paroisses voisines sont de même taxées non à proportion de leur terroir, mais à proportion des declarations d'exploitations donées tant par les propriétaires, que par les fermiers, ces Paroisses ne seront pas plus favorisées que la Paroisse dépoüillée par les autres.

6°. Il est donc visible que moyennant les declarations justes, & les Tarifs uniformes, ni le Roi ne perdra rien de son droit, ni la Paroisse dépoüillée ne sera pas moins bien traitée que les Paroisses, qui sont plus dépoüillantes, que dépoüillées.

7°. Un fermier de Saint Pierre-Eglise aura par le même bail de mille livres des terres dans Saint Pierre, & dans les Paroisses contiguës d'Angoville, de Varoüville, de Clitour, s'il étoit taxé dans chacune de ces Paroisses, l'estimation faite par son bail, ne pourroit plus servir de fondement à la Taxe de son fermage; ainsi il faudroit faire quatre estimations diférentes, fondées sur la diférente quantité, & sur la diverse qualité des terres, ce qui est un grand inconvenient, qui expose le fermier à quatre procès contre les Colecteurs de ces quatre Paroisses; ce seroit bien pis, si ces Paroisses étoient de diférentes Elections, & de diférentes Généralitez; or le Reglement qui ordonera que la Taxe suivra non la situation des terres, mais le domicile du fermier, évitera ce grand inconvenient; ainsi l'estimation faite par le bail, pourra servir de fondement à la taxe, ce qui est un grand avantage.

8°. Comme les Colecteurs de chaque anée doneront au Receveur avant le premier Septembre leur mémoire des motifs, pour augmenter ou diminuer leur Paroisse, ils n'y omettront jamais la diminution des exploitations, c'est-à-dire, les exploitations que cessent de faire les habitans de leurs Paroisses; & quels habitans des Paroisses vont faire dorenavant ces exploitations?

9°. Peut-être que dans la suite pour faciliter le recouvrement, pour diminuer le nombre des Colecteurs, & pour diminuer le nombre des inconveniens des terres exploitées par un Taillable dans diverses Paroisses, le Roi formera des Communautez composées d'environ mille ou deux mille familles Taillables de plusieurs Paroisses; il y auroit alors beaucoup moins de dificultés, moins de frais & moins d'embaras, tant pour les changemens de domiciles, que pour les exploitations,

exploitations, ſoit des proprietaires, ſoit des fermiers, parce que la Communauté ne ſeroit à l'égard des Colecteurs de la Taille, que comme une ſeule Paroiſſe.

Les Bourgs où il y a marché, ſeroient comme le centre de la Communauté; telle Communauté ſeroit de dix Paroiſſes, telle de plus, telle de moins; mais toujours entre mille & deux mille familles, parce qu'il faut des bornes au travail d'un ſeul homme Secretaire de la Communauté; parce que ſon travail poſſible a des bornes: car à dire la verité, une Communauté de dix ou de vingt familles, comme il arive dans certaines Paroiſſes, eſt exceſſivement petite par raport au recouvrement du ſubſide général; cet article de former une Communauté Taillable de diverſes Paroiſſes, de diminuer de deux tiers ce nombre prodigieux de Colecteurs, & de leur rendre la colecte plûtôt avantageuſe qu'onereuſe, en augmentant les deniers de colecte, faiſoit, dit-on, partie du plan d'arondiſſement de feu M. Colbert, que pour le malheur de l'Etat il n'a pas eu le loiſir d'executer.

OBJECTION X.

Vous propoſés vôtre Tarif pour les trois Claſſes d'induſtrie ſur le pied de la journée du Journalier à huit ſous; mais vous ne donés pas la maniere d'operer facilement, quand cette journée eſt à ſept ſous, à neuf ſous, à onze ſous, & autres parties de la livre.

REPONSE.

Supoſons que la claſſe du Journalier de huit ſous, ſoit de quatre livres, cette Taxe monte à dix fois huit ſous ou dix journées du Journalier, qui eſt la vingt-ſixiéme partie de deux cens ſoixante journées de travail, c'eſt-à-dire, que de vingt-ſix journées de travail, il doit en doner une ou la valeur, comme une corvée ou comme ſa part du ſubſide qu'il doit à la défenſe & à la conſervation de l'Etat.

Si la journée commune du Journalier étoit à ſept ſous dans une Election au lieu de huit, il y auroit diminution de dix ſous à proportion, c'eſt-à-dire, que le Tarif de la Claſſe du

Journalier seroit à trois livres dix sous ; car dix fois sept sous font trois livres dix sous, si la journée du Journalier est neuf sous dans une Election, on dira dix fois neuf sous font quatre livres dix sous ; de sorte que ce sera dix sous à augmenter ou à diminuer par chaque sou d'augmentation ou de diminution, depuis huit sous, soit en montant, soit en decendant.

Ainsi le Reglement pour faciliter l'operation dans les Elections de sept sous, ou de neuf sous, ou d'onze sous ou de treize sous, ou de quatorze sous, ou de dix-sept sous, ou &c. peut ordoner, *que le Tarif d'industrie du Journalier, ou de la troisiéme Classe, sera de la valeur de dix journées du Journalier, c'est-à dire, de trois livres dix sous dans l'Election de sept sous, qu'il sera de quatre livres ; dans l'Election de huit sous, de quatre livres dix sous ; dans l'Election de neuf sous, & ainsi en augmentant ou diminuant le Tarif de dix sous par chaque sou, qui ira en decendant ou en montant, depuis l'estimation de huit sous, qui produit quatre livres d'industrie pour la Taxe du Journalier.*

Le Reglement peut ordoner, *que le Tarif de la seconde Classe, qui est celle des Artisans, sera double du Tarif de la troisiéme Classe, ou de la Classe du Journalier.* Ainsi dans l'Election de huit sous, le Tarif sera de huit livres, parce que deux fois quatre livres font huit livres ; dans l'Election de neuf sous, il sera de neuf livres, parce que deux fois quatre livres dix sous, font neuf livres, & ainsi à mesure que le prix de la journée du Journalier sera plus ou moins fort que huit sous.

Le Reglement peut de même ordoner, *que le Tarif de la premiere Classe, qui est celle des gens de Justice & autre, sera quadruple du Tarif de la Classe du Journalier, qui est comme la baze de tous les autres Tarifs de l'industrie & du comerce ; ainsi suposant le prix de la journée du Journalier estimée à dix-sept sous dans une Election, le Tarif de la Classe du Journalier sera dix fois dix-sept sous, ou dix-sept fois dix sous, ou huit livres dix sous ; le Tarif de la premiere Classe, qui est des Oficiers de Justice, &c. sera trente-quatre livres qui est le quadruple de huit livres dix sous.*

Il faut observer qu'en suposant le Tarif de suputation réduit à la moitié, comme je croi, qu'il est plus à propos de le proposer pour contenter le plus grand nombre, il faudra rabatre la moitié de quatre livres, de huit livres, de seize livres, de trente-quatre livres & autres somes ci-dessus, la proportion s'y trouvera toujours la même entre la Taxe & le Revenu anuel exigible; & c'est uniquement ce que nous cherchons par tous les projets anciens & nouveaux.

OBJECTION XI.

Ne seroit-il pas à propos que le même Registre des déclarations pût servir plusieurs anées, en laissant du blanc à chaque article pour les variations?

REPONSE.

1°. Cela se pourroit pratiquer dans une Paroisse de trente ou quarante familles, où il arive peu de nouveaux habitans, peu de nouveaux Taillables majeurs, d'où il en sort peu & où il en meurt peu; mais dans les Paroisses de quatre ou cinq cens familles, où il faut nécessairement changer beaucoup d'articles dans l'alfabet, soit par les anciens habitans, qui devienent Taillables par leur majorité, soit par les nouveaux habitans, qui changent de domicile, soit par les habitans qui meurent ou qui vont ailleurs établir leur domicile; cela seroit impraticable à moins que de renverser l'ordre alfabetique, qui est cependant si comode, & même presque nécessaire dans la pratique, pour trouver en un moment l'article demandé; or le renverser dans les uns & le réserver dans les autres, ne seroit-ce pas établir de la confusion & de la diformité dans ces Registres? D'un autre côté, si la chose est impraticable dans les grandes Paroisses de quatre ou cinq cens feux, convient-il de la pratiquer dans les petites? Et ne vaut-il pas mieux conserver l'uniformité dans un grand établissement?

2°. Je sai bien qu'il en coûtera peut-être quarante sous de plus en papier & en écriture au Secretaire; mais ne supose-t-on pas qu'il en sera sufisamment payé par son droit de six deniers pour livre.

3°. Je ſai bien qu'on peut à chaque nom de Taillable mettre un renvoy au premier Suplément de l'anée ſuivante page *tant*, pour trouver la ligne d'un Taillable qui devroit ſe trouver là par l'ordre alfabetique; mais à cauſe des changemens qui ariveroient en quatre anées, il faudroit quatre Suplémens & autant de renvois, & ſouvent il faudroit coriger l'ordre alfabetique du renvoi par un nom, qui viendroit dans le troiſiéme Suplément, & qui devroit préceder le nom renvoyé au premier Suplément.

4°. Non ſeulement ces Teneurs de Regiſtres ne ſeroient pas toujours exacts à faire leurs renvois juſtes par pages; mais il ariveroit encore un autre grand inconvenient dans les Paroiſſes de cinq cens feux, c'eſt que le Regiſtre ſeroit trop gros, quand on ne mettroit que deux feüillets pour chaque Taillable, que ſeroit-ce pour les Paroiſſes de mille & de deux mille feux?

OBJECTION XII.

Vous taxés pour induſtrie l'homme ſans profeſſion, vivant de ſon bien, ſur le même pied que l'Avocat, le Juge, le Notaire; cependant il ne tire rien de ſon induſtrie, comme les autres, puiſqu'il ne travaille point.

RE'PONSE.

1°. S'il ne tire rien de ſon travail & de ſon induſtrie cette anée, ne peut-il pas en tirer une autre anée? Un Avocat qui par maladie ne travaille point une anée, ne travaille-t-il pas l'anée ſuivante?

2°. Si c'eſt un pareſſeux, ſeroit-il d'une bone politique de traiter mieux le faineant, que l'homme laborieux?

3°. Si c'eſt un homme d'étude, ſon travail qui ne lui aporte aucun revenu cette anée, ne pourroit-il pas lui en aporter dans la ſuite? De pareils travaux ſont-ils toujours infructueux?

4°. Il eſt fort rare qu'un habitant de la Campagne ne contribue pas de ſes ſoins à mettre ſa terre en meilleure valeur; or cela même n'eſt-ce pas une induſtrie, qui lui aporte du profit?

5°. S'il vivoit dans une Ville Tarifée, ne payeroit-il pas les entrées sur les denrées qu'il consomme comme l'Avocat, comme le Medecin le plus laborieux? Or la taxe des entrées ne tient-elle pas lieu dans les Villes, de la Taxe de l'industrie & des autres Taxes de la Taille dans les Vilages?

OBJECTION XIII.

Comme l'estimation de la journée du Journalier est la base du Tarif du comerce & du Tarif de l'industrie, il est à propos qu'elle soit faite par l'Intendant, avec le plus d'exactitude & le plus de fondement qu'il est possible; ainsi ne seroit-il pas à propos que le Reglement ordonât, *que lors de la nomination des Colecteurs, les habitans à la pluralité des voix, estimeront la journée comune du Journalier de leur Paroisse, en suprimant les deniers, & la signeront en même tems que la nomination des Colecteurs de l'anée suivante.*

Cette estimation & cette nomination seroient mises entre les mains du Receveur des Tailles, qui en dresseroit un état pour l'Intendant, & après avoir fait l'adition de tous les sous de toutes les Paroisses, en divisant le total des sous par le total de toutes les Paroisses de l'Election, il auroit facilement & seurement *le prix commun* de la journée du Journalier de cette Election.

De cette maniere l'Intendant seroit guidé dans son estimation par l'estimation des habitans mêmes de l'Election, qui auroient interêt les uns, que cette estimation ne fût pas trop haute, comme les Artisans, les Journaliers & les Marchands; les autres, qu'elle ne fût pas trop basse & au-dessous de la verité: tels seroient les proprietaires des terres, des maisons & des rentes & les fermiers; or une estimation convenuë entre les interessez, ne doit-elle pas être regardée comme juste?

RE'PONSE.

1°. Cette observation peut être utile, mais c'est une sorte de perfectionement qui embarasseroit, sur tout dans les premieres anées de l'établissement, & dont même on peut se passer. 1°. Parce que l'Intendant sur la conoissance qu'il tirera des Elûs, du Receveur de l'Election & du Subdelegué, qui se seront informés des diférens prix des journées des Paroisses éloignées de deux lieuës & quatre lieuës de l'Election, ne pourra jamais se tromper que d'un sou dans son estimation de la journée comune, par comparaison d'une Election à une autre; or c'est une erreur très-peu importante.

2°. Suposons que des deux Elections qui raportent au Roi chacune deux cens mille livres, dans l'une la journée du Journalier soit estimée à huit sous, & dans l'autre à neuf sous, quoique dans toutes deux elle dût être estimée à huit sous, il arivera que le Comerçant qui a mille livres en éfets & qui pour cela paye onze livres cinq sous, dans celle de neuf sous ne devroit payer que dix livres; c'est vingt-cinq sous de trop, le Journalier paye quatre livres dix sous, au lieu de quatre livres, & les autres Classes d'industrie à proportion; c'est donc à peu près un dixiéme que l'industrie & le comerce payent de trop à la décharge des terres, des rentes, des maisons & des fermiers, & comme l'industrie & le comerce ne font qu'un tiers du revenu total, & qu'il ne s'agit que du tiers, c'est un trentiéme du total de la taille, de sorte que le proprietaire sur trente livres de taxe y gagne vingt sous.

3°. Mais comme le proprietaire paye la taxe de l'industrie & que quelques-uns de ces proprietaires ont eux-mêmes quelque argent en comerce, ce qu'ils perdent d'un côté, ils le regagnent de l'autre, ce qui fait alors compensation dans la même famille.

4°. Cette erreur durera peu, parce que dès que l'Intendant en aura du soupçon, il pourra facilement se rectifier lui-même; or entre deux Elections de deux cens mille livres comme l'erreur sur le revenu du Comerce, & sur le revenu de l'industrie, n'est alors que d'un trentiéme, elle ne peut être que d'environ six mille livres sur le total, lors même que l'on n'a pas encore pris toutes les mesures pour éviter cette erreur, & comme cette somme est répartie sur chaque famille avec proportion, le poids en est presque insensible sur chacune.

5°. Enfin le Taillable le plus lézé ne peut être lézé que

de vingt sous sur trente livres, ce qui n'est jamais une proportion ruineuse, & cependant c'est la cessation de la proportion ruineuse, qui seule est l'objet du Reglement proposé.

6°. Cette observation regarde plus le perfectionement du Projet que l'établissement, & quand il sera une fois établi, il se perfectionera de lui même tous les ans, sur tout si sous la direction de l'Intendant des Finances, l'on établit un Bureau perpetuel qui reçoive perpetuellement des Intendans les observations qu'ils feront & les aditions où les corections qu'ils proposeront pour perfectioner le Reglement.

OBJECTION XIV.

Il est vrai que l'Etat gagnera plus qu'il ne perdra, lorsque les campagnes se peupleront davantage aux dépens des Villes, parce que la terre en sera mieux cultivée, & en produira davantage, & que l'abondance des denrées fait la richesse la plus solide de l'Etat, il est vrai même, que ces nouveaux habitans des campagnes, payeront les Taxes pour l'industrie, pour le Comerce & pour les terres qu'ils prendront à ferme, mais ces Taxes iront seulement à la décharge des Paroisses où ils fixeront leur domicile, & le revenu que l'Etat ou le Roi tirera de ces Paroisses augmentées, n'en augmentera point, au lieu que par la diminution des habitans des Villes les droits d'entrées, qui font partie du revenu du Roi, diminueront.

RE'PONSE.

1°. Si la Ville dont sort un habitant, est abandonée par ce Bourgeois, cette Ville ou le fermier de ses droits d'entrées y perd à la verité la portion des entrées, que payoit cet habitant, mais l'Etat n'y perd rien.

2°. Si c'est une grande Ville, où le Tarif des entrées ne soit pas mis en équivalant de la Taille; je conviens que le fermier du Roi y perd de ce côté là une diminution, mais elle ne sera pas dans son bail d'un sur mille ou d'un milliéme denier de deux cens mille francs d'entrées, ce feroit deux cens francs de diminution; or fur un bail de deux cens mille francs, deux cens francs de plus ou de moins, font-ils à compter pour quelque chofe?

3°. Supofé qu'il falût un remede à cet inconvenient, il eſt bien facile; le Confeil n'aura qu'à augmenter alors la Taille de la milliéme partie, que le Roi fera obligé de diminuer aux Fermiers Généraux des entrées, en confideration de la diminution des habitans des Villes, & augmenter cette milliéme partie fur les Tailles, alors il regagnera d'un côté ce qu'il aura perdu de l'autre.

4°. Comme il s'agit quant à préfent de remedier à de grands maux, ces minuties meritent peu d'atention.

OBJECTION XV.

Il eſt à propos que les Colecteurs ayent deux fortes de rôles, l'un ample & détaillé, qui contiéne les diférentes parties du revenu du Taillable par diférens fous-articles taxés par des Tarifs uniformes; ce rôle tarifé fera fait par les Colecteurs chés le Secretaire de la Paroiffe, & reſtera chés lui fans être inceffament porté & reporté, ni chifoné ni ufé, ni broüillé par les payemens des Taillables, & par les notes des Colecteurs; c'eſt pour ainfi dire le titre du Taillable contre l'injuſtice des Colecteurs, & le titre des Colecteurs, pour juſtifier la juſtice de leur répartition; ainfi ce titre doit être confervé entier, & toûjours en état d'être repréfenté aux Juges comme la loi des parties conteſtantes.

Mais il eſt néceffaire en même tems que les Colecteurs ayent un autre rôle abregé, qui fera extrait *du Rôle tarifé*, où chaque Taillable foit infcrit feulement avec le total de fa Taxe exigible, & qu'il y ait quelque efpace en blanc pour y coucher les diférens payemens, on peut l'apeler *papier de Recéte*, il fera parafé par feüilles, figné & rendu executoire à l'ordinaire; le papier de Recéte fera porté & reporté le long de l'anée, par la pluye comme par le beau tems, & fera fujet à être rempli de notes & d'écritures diférentes & fouvent très-dificiles à déchifrer, mais ce papier fufira d'un côté

côté aux Colecteurs pour faire la colecte du subside de l'Etat, & de l'autre il sufira à chaque Taillable pour lui servir de décharge & de quittance.

R E' P O N S E.

Cette remarque a été faite par un Receveur Général, & me paroît bien fondée.

O B J E C T I O N XVI.

De la maniere dont vous proposés l'établissement de vôtre Projet il y aura bien des écritures dans chaque Paroisse, & s'il y a des Paroisses de dix ou douze Taillables, il y en a de mille & de davantage; ce Registre des déclarations, ce rôle tarifé, ce papier de recette ce sont bien des écritures & de longues écritures, & il est à craindre que le nombre de vos Ecrivains ne sufisent pas, & qu'ils ne soient pas sufisamment intelligens.

R E' P O N S E.

1°. Il est visible d'un côté, que tant que les premiers Répartiteurs du subside n'auront pas devant les yeux la déclaration juste du revenu des familles Taillables, ils seront dans la nécessité de faire une infinité de Taxes disproportionées, soit sur les Généralités, soit sur les Elections, soit sur les Paroisses, il faut donc un Registre de déclarations, qui les puisse guider.

Il n'est pas moins visible de l'autre, que tant que les Colecteurs ou derniers Répartiteurs n'auront pas devant les yeux d'un côté le Registre des déclarations des Taillables, & de l'autre des regles uniformes des Tarifs ordonés par le Conseil pour toutes les especes de revenus, Tarifs, qu'ils soient obligés de suivre dans leur répartition, sous une peine sufisante, il est comme impossible que soit par crainte, soit par prédilection, soit par esprit de haine & de vangeance, ils ne cometteent une infinité d'injustices, & ne fassent une infinité de Taxes ruineuses.

Si jusqu'ici les plus habiles Ministres n'ont pu guerir cette maladie de l'Etat; c'est qu'ils n'ont pas été jusqu'au fonds de la playe; il faut des déclarations, voilà la nécessité d'un Registre; il faut un rôle conforme aux déclarations, & où les Tarifs par parties soient conformes aux diférens Tarifs pour la qualité & pour la quantité du revenu déclaré, voilà la nécessité d'un rôle Tarifé; il faut que le Colecteur ait un mémoire abregé & portatif, qui contiene les Taxes exigibles arêtées sur le rôle Tarifé, afin d'écrire dessus les payemens qu'il recevra, voilà le papier de recette absolument nécessaire.

Le papier de recette est fondé sur la justice de la Taxe du rôle Tarifé, & la justice du rôle Tarifé est fondée elle-même tant sur la déclaration juste du Taillable, que sur l'équité & l'uniformité de la loi des Tarifs portée par le Conseil, voilà le fonds de la playe; si vous n'y portés pas le remede, elle demeurera toûjours sans guérison.

Vous avés beau vous tourner de diférens côtés, ôtés un de ces Registres, vous ôtés les fondemens de la justice, vous ôtés la lumiére, vous rentrés dans la confusion; il faut donc des écritures, elles sont absolument nécéssaires; il n'en faut pas trop, mais il en faut assés; or des écritures absolument nécéssaires pour l'observation de la justice, & pour faire tarir les grands inconveniens des disproportions excessives, loin de rebuter les bons Citoyens, & sur tout les Taillables, ne doivent-elles pas leur être très-cheres & très-précieuses, puisque toute la seureté de leur fortune & de la fortune de leurs enfans, & par conséquent la conservation d'une grande partie des biens de l'Etat, la tranquillité & l'abondance de plus de deux milions quatre cens mille familles en dépend.

2°. Faut-il plaindre l'Ecrivain? s'il se trouve bien payé, & si son travail est nécéssaire, n'est-il pas nécéssaire de le bien payer? Et qui ne sait qu'il y a certaines épargnes qui sont incomparablement plus ruineuses que certaines dépenses?

3°. Ce ne seront point des écritures dificiles; car l'Ecrivain pour la premiere anée n'aura qu'à suivre les modéles imprimés, & pour la seconde anée, ce ne sera presque qu'une répetition de la première.

4°. Comme on a vû qu'un seul Ecrivain pouroit facilement faire en trois mois les écritures de vingt Paroisses de cent feux, ou une Paroisse de deux mille feux, il ne faudroit dans une Election de cent Paroisses & de dix mille familles, que cinq semblables Ecrivains médiocrement habiles; & il y en a au moins deux cens, & ce sont les mêmes qui font actuellement les rôles de la Taille Tarifée.

OBJECTION XVII.

Vous avés oublié dans le modéle du Reglement de proposer, *que les Colecteurs en anée remettront aux Colecteurs de l'aneé suivante le tiers des amendes qu'ils auront fait juger contre les faux déclarans, & que le premier tiers, qui sera reçu par les Colecteurs, sera payé pour la Paroisse, & les deux autres tiers pour eux.*

RE'PONSE.

C'est une adition à faire au modéle.

OBJECTION XVIII.

Vous croyés remedier à l'arbitraire par vos calculs & par vos Tarifs, mais vous le laissés tout entier tant que tous les Taillables ne doneront point leurs déclarations, tant qu'ils ne les doneront point justes, & tant que le Colecteur poura se dispenser de les suivre.

RE'PONSE.

1°. Nous avons montré que ceux qui se croyent vexés ou trop taxés courront volontiers au Registre des déclarations pour faire cesser, ou du moins pour diminuer la vexation qu'ils soufrent; car c'est une diminution considérable d'être diminués dès la premiere anée de quatre sous pour livre de leur Taxe.

2°. Ou ils ne doneront point leur déclaration, ou bien ils la doneront juste, puisque la peine de fausse déclaration d'un côté sera inévitable; premierement par la conoissance parfaite que les autres habitans & les Colecteurs auront de la fausseté; secondement par l'interêt sufisant de la Paroisse & des Colecteurs à poursuivre cette peine; Troisiémement, elle sera sufisante, puisque pour gagner une ou deux pistoles, ils ne se mettront jamais dans un danger évident de payer le quadruple, & deux cens livres au-delà.

3°. Non seulement les vexés viendront d'abord au Registre des declarations, mais les vexans viendront eux-mêmes avant deux ans au même azile, & cela pour éviter de porter eux seuls toute la diminution des quatre sous pour livre, qui sera faite aux déclarans; parce que le nombre des déclarans venant à augmenter de beaucoup la seconde anée, & le nombre des non déclarans venant à diminuer, ceux qui resteroient parmi les non déclarans verroient avec évidence que leur fardeau de non déclarant, seroit considérablement plus pesant, que s'ils se mettoient au nombre des déclarans.

Or je demande précisément, si lorsque tous les habitans seront déclarans & déclarans justes, & lorsque les Colecteurs seront obligés sous peine sufisante de les taxer tous, suivant ces déclarations justes, & conformément aux Tarifs des diferens revenus, il restera entre les mains des Colecteurs aucune trace de leur pouvoit arbitraire; je demande si l'imposition de la Taille d'une Paroisse ne sera qu'un calcul arbitraire, & si la Taxe ne sera pas nécéssairement proportionée au revenu réel & actuel de chacun des Taillables.

Il ne faut pour tout cet arangement que des peines sufisantes contre les contrevenans à la Justice, & un interêt sufisant de la part de ceux qui soufrent de ces contraventions pour faire executer les punitions portées par la Loi; Or ici tout cela s'y rencontre, & l'observation de la Justice va produire la seureté, l'encouragement au travail, & à l'industrie & par conséquent la joye, l'esperance & l'abondance.

OBJECTION XIX.

Les Colecteurs qui voudront se vanger de leurs enemis par des Taxes excessives, refuseront de faire le rôle conformément au Reglement, & ne feront peut-être aucun rôle,

R E' P O N S E.

1°. Ces Colecteurs qui verront les pauvres déclarans déchargés nécéssairement d'un cinquiéme, & les riches non déclarans chargés nécéssairement de ce cinquiéme, auront bien plus de seureté & de facilité pour faire un recouvrement, dont ils sont responsables; ainsi sur une Election il y aura à peine une Paroisse où il y ait de pareils Colecteurs.

2°. Mais supposé que sur cent Paroisses il y en ait trois ou quatre, où l'on voye des Colecteurs mutins, il n'y a pour les corriger qu'à employer les mêmes remedes qui sont usités en pareil cas dans la Taille arbitraire, & il y en a de seurs qui sont sufisans pour contenir les fous.

3°. En général les Colecteurs seront ravis que le riche protegé, soit par la loi même taxé à proportion de son revenu, sans qu'il puisse leur imputer d'avoir fait cette Taxe contre lui; car le plus injuste d'entre les protegés ne peut pas leur vouloir du mal, ils mettent dans le rôle les revenus qu'il a dont ils ont connoissance, & ils observent la loi des Tarifs, qu'ils ne peuvent s'empêcher de suivre, sans payer deux cens livres d'amende.

OBJECTION XX.

Dans le modéle du Reglement il est à propos d'ajoûter, *que dans des Paroisses où il n'y auroit point de déclarans, les Colecteurs qui ne feront pas leurs rôles par articles séparés, suivant leur conoissance, & qui ne formeront pas leur Taxe conformément aux Tarifs ordonés par le Reglement, seront condamnés à deux cens livres d'amende au profit du Receveur des Tailles, qui en poursuivra le jugement & le payement, il est à propos d'ajoûter aussi que dans les Paroisses où il n'y aura point de déclarans, la voye du surtaux continuera d'y être permise, mais dans les autres où il y aura des déclarans, cette voye ne sera plus reçuë.*

REPONSE.

Cette adition me paroît raisonable.

OBJECTION XXI.

Vous proposés d'augmenter le subside d'environ deux deniers pour livre, pour mettre le Roi en état de payer tous les ans des pensions aux Intendans & à leurs Subdélégués, qui auront travaillé à l'établissement du nouveau Projet, & pour fournir aux frais du Bureau général qui se tiendroit à Paris sous la direction de l'Intendant des Finances; vous proposés de même six deniers pour livre, pour le salaire du Secretaire, on diroit que c'est peu de chose, cependant sur soixante-six milions, c'est plus de six cens mille écus d'augmentation.

REPONSE.

1°. Si cette augmentation est absolument nécéssaire pour sauver plus de cent milions de perte par an à l'Etat, peut-il jamais y avoir un impôt moins onéreux, & même plus utile? puisque cette dépense raporteroit à l'Etat cinquante pour un.

2°. On pouroit de même trouver mauvais ce que je propose d'augmenter d'un sou les deniers de colecte destinés aux Colecteurs pour le recouvrement de la Taxe de la Paroisse; cependant il est évident qu'il faut nécéssairement des Colecteurs du subside de l'Etat, que l'on ne peut pas en employer à meilleur marché qu'un sou six deniers, à cause de la quantité prodigieuse de petites Taxes des petits payemens & de la pauvreté des Redevables, & il vaut mieux, s'il y a de la perte, que le total de la Paroisse la porte, parce qu'elle n'en est point acablée, que non pas deux ou trois particuliers qui en seroient ruinés; car il faut toûjours que ce soit ou la Paroisse en total, ou la Paroisse par parties successives, c'est-à-dire, par Colecteurs successifs, qui suporte le fardeau de ce sou de plus de recouvrement.

3°. Que les Colecteurs donent ou leur tems ou l'argent que leur vaudroit leur tems, n'est-ce pas toûjours la même chose?

4°. Quand on songe combien un Taillable non protegé, qui est à vingt livres, paye volontiers dix sous de plus pour avoir desormais seureté entiere de n'être jamais ruiné ni même plus chargé que tous les autres Taillables, même protégés du reste du Royaume, & qu'il ne sera jamais acablé, ni par les mauvais deniers, ni par les frais, que les Colecteurs avoient acoutumé de suporter, on sent bien que cette augmentation d'un sou par livre ne sera regardée par aucun des Taillables, comme un nouveau poids, mais au contraire comme un très-grand soulagement.

OBJECTION XXII.

Vous ne sauriés faire vôtre établissement dans une Election de cent Paroisses, qu'avec un bon Comissaire bien instruit, secouru de plusieurs habiles Comis, & ils ne sauroient en venir à bout, que dans les trois ou quatre mois de l'anée, que l'on peut voyager comodément, & dans les tems où les Taillables ne sont point ócupés à leur moisson, & à leur vendange; Or où trouverés-vous un assés grand nombre de bons Comissaires & de bons Comis pour faire seulement la Généralité de Paris en trois ou quatre ans? Et combien vous faudra-t-il d'anées pour toutes les Généralités du Royaume?

REPONSE.

Peut-être que pour un premier essai dans une Election vous pourés avoir besoin d'un Comissaire & de quelques Comis suffisamment instruits du Projet de Taille Tarifée; mais un pareil Comissaire extraordinaire n'est pas même absolument nécessaire, sur tout s'il y a un Subdelegué intelligent, pourvû qu'il ait le loisir de s'instruire.

L'Intendant & les Subdélegués qui auront lû & relû l'Ouvrage avec atention, seront suffisamment instruits & il ne faudra dans chaque Election que le Subdelegué, lorsque le

Conseil ordonera, que l'établissement s'en fasse en même tems par tout le Royaume; sur tout lorsque chacun de ces Subdelegués seront assurés d'une pension proportionée à la grandeur & au succès de leur travail; de sorte qu'il ne faudra que cinq ou six mois de leur travail pour faire l'établissement dans tout le Royaume.

OBJECTION XXIII.

Ce n'est pas assés de diminuer les déclarans d'un dixiéme; il seroit à propos de les diminuer d'un cinquiéme de leurs Taxes, pour en charger les non déclarans, si vous voulés voir en peu de tems le succès du Projet de Taille Tarifée.

REPONSE.

Il est certain que le plûtôt que le Roi poura faire observer justice entiere entre les Taillables, c'est le mieux; de sorte que si les Taillables vexans, de peur d'être vexés à leur tour, se mettoient tous dès la premiere anée au nombre des déclarans, l'éfet de la nouvelle métode n'en seroit que plus promt, plus général & plus désirable; & il est certain que la crainte de porter seuls & en petit nombre ce cinquiéme des déclarans, fera que dès la premiere anée, il n'y aura presque point de Paroisse où il reste des non déclarans.

Suposons une Paroisse de cent Taillables qu'elle soit à deux mille livres, qu'il y ait quatre-vingt déclarans vexés les uns plus, les autres moins; les uns d'une moitié, les autres d'un tiers; les autres d'un quart, les autres moins, & d'autres qui craignent la vexation prochaine, il arivera d'abord une chose souhaitable: c'est que tous les vexés ne seront vexés qu'également entr'eux & proportionément à leurs diférens revenus; ce qui est déja un grand bien; en second lieu il arivera que si ces quatre-vingt familles vexées doivent payer mille six cens livres, sur le pied de leurs déclarations, & les vexans quatre cens livres, diminués les vexés de quatre sous pour livre, ou de trois cens vingt livres, ils ne payeront dès cette anée que mille deux cens quatre-vingt liv. & les vexans sept cens vingt livres, ce qui est un autre grand bien pour cette

Paroisse,

Paroisse, que celui qui depuis long tems faisoit porter aux autres partie de son fardeau, comence à le porter lui-même à la décharge des trop chargés.

Suposons même que dans une Election de cent Paroisses il y en ait vingt, où il reste vingt non déclarans, il est évident que l'anée suivante la crainte de porter encore une fois la diminution de huit sous pour livre de Taxes des déclarans, fera qu'il ne restera plus dans le Royaume aucune Paroisse où il se trouve des non déclarans.

Ainsi dès la seconde anée toutes les Paroisses & tous les Taillables se trouveront dans l'ordre, dans la regle & dans l'observation de la Justice, l'Intendant aura toutes les déclarations, le Conseil en aura les totaux & poura avec sureté faire ses répartitions proportionées sur les Généralités & même sur les Elections, & dans sa tournée il n'aura dans chaque Election qu'à rejeter certaines diminutions de revenu accidentel de certaines Paroisses, sur les Paroisses, où les augmentations de revenu seront arivées, ou même sur le total de l'Election, afin de faire sa répartition proportionée entre les Paroisses de cette Election.

Avec l'article qui ordone qu'il sera diminué quatre sous pour livre aux déclarans pour la premiere anée, & huit sous pour livre pour la seconde anée, & que ladite diminution sera rejetée, & répartie *sur les non déclarans*, il est visible que l'Intendant n'aura pas la peine de faire aucune Taxe d'ofice; ainsi c'est pour lui un grand embaras de moins que la Loi lui épargne; & comme ces non déclarans ont plusieurs protecteurs puissans, cette Loi épargnera à l'Intendant la nécessité où il seroit ou de se faire de puissans enemis, ou de ne pas faire des Taxes sufisamment fortes.

Il peut y avoir dans la plupart des Elections des Paroisses si protegées, si favorisées, que les habitans de concert ne doneront aucunes déclarations, ce défaut de conformité sera une preuve démonstrative, que ces Paroisses à l'aide de leurs protecteurs font porter une grande partie de leur fardeau aux Paroisses voisines; or la justice & l'interêt de l'Etat demandent la proportion entre les Paroisses, comme elles la demandent entre les familles; & c'est pour cela qu'il sera à propos que le Reglement ordone, *que les Paroisses non déclarantes seront augmentées de quatre sous pour livre la premiere anée, & de huit sous la seconde anée, & que cette augmentation formera une diminution au sou la livre en faveur des Paroisses déclarantes.*

OBJECTION XXIV.

Je comprens bien que de dix mille baux qui se feront dans une Election de cent Paroisses, il n'y aura pas dix contre-lettres tant soit peu considérables; & que si d'un côté le fermier qui ne déclareroit point la contre-lettre, est sujet à la peine de fausse déclaration & au quadruple, & que la contre-lettre soit déclarée nulle en faveur du fermier & de ses heritiers, bien-tôt il n'y aura plus en tout de contre-lettres & que les trois quarts & demi de celles qui subsistent, seront déclarées; ainsi je comprens bien que cet inconvenient, ou n'est rien du tout, ou n'est rien de considérable.

Mais il y a un autre inconvenient important sur les baux faits à vil prix par les mauvais Ménagers, dont les afaires sont en desordre, ils ne prenent pas de contre-lettres de leurs fermiers, mais les somes que donent les fermiers pour pot de vin sont considérables: une ferme de deux mille livres sera baillée à mille pour six ans, parce que le fermier donera deux ou trois mille livres de pot de vin en signant le bail; or un pareil bail fait tort à la Paroisse de cent cinquante livres par an, ce qui est un grand inconvenient, & il n'y a point de remede.

REPONSE.

Ce n'est point un grand inconvenient, & il y a remede.

1°. De cinq cens proprietaires, à peine en trouverés-vous un qui veüille perdre ainsi pour de pareils pots de vin le quart de son revenu; ainsi cet inconvenient est très-rare.

2°. Cet inconvenient est passager & ne dure que peu d'anées, le successeur mettra bien-tôt la ferme à deux mille livres; or un inconvenient est d'autant moins considérable qu'il dure peu.

3°. Cet inconvenient n'est pas même sans remede, puisque le Reglement peut ordoner, *qu'il sera permis aux Colecteurs*

& à leur refus à tout autre habitant de tiercer le bail; Or cette liberté de tiercer fera, que dorénavant le fermier pour avoir la ferme à moitié moins qu'elle ne vaut, ne risquera plus un gros pot de vin, qu'il perdroit en entier, en cas de tiercement, & il est évident que cette liberté procure un bien au proprietaire, ou du moins à ses créanciers à qui il doit justice; or tous les Reglemens qui tendent à faire mieux observer la justice, ne sont-ils pas toûjours avantageux à un Etat?

4°. De deux choses l'une, ou le pot de vin sera peu de chose, & alors la ferme sera à peu près à son juste prix, & ne fera que peu de tort à la Paroisse, ou elle sera à la moitié moins, & alors le tiercement y remedie; d'ailleurs comme les cas du pot de vin considérable sont fort rares & peu durables, ce ne sont proprement que de ces petits inconveniens, qui ne peuvent jamais être comparés à la centiéme, à la milliéme partie des grands avantages du reste du Projet.

5°. Il est heureux pour le Projet qu'il conduise naturellement à intéresser le Roi à remédier par un Reglement aux fraudes & aux injustices que l'on fait quelquefois, & aux mineurs indéfendus, & aux legitimes créanciers, tant par la malheureuse invention du pot de vin que par l'injuste artifice des contre-lettres.

OBJECTION XXV.

Vôtre plan est bon & praticable pour les Elections, dont le revenu est fixe & certain, tels que sont les pays de bled & de pâturages; mais tel qu'il est, il ne sufit pas pour les Elections, dont le revenu est aussi casuel que celui des vignes; il y a même des Généralités, comme celle de Bordeaux, où le revenu des vignes est sujet à une casualité de plus que les vignes des autres Provinces; c'est l'augmentation, la diminution & la perte du Comerce du vin avec les Anglois, avec les Holandois & avec les autres Nations du Nord; cela vient quelquefois au point que le proprietaire trouvant qu'il lui en coûte plus à façoner sa vigne, qu'il n'en peut tirer de profit, l'abandone & est forcé de l'aracher pour tirer quelque chose du pâturage ou du labourage du fonds où croissoit sa vigne.

R E' P O N S E.

1°. Le revenu des terres à froment ne laisse pas d'être casuel pour le fermier, soit par les intemperies de l'air qui gâtent le grain, ou qui l'empêchent de multiplier, soit par les vilités de prix, qui arivent quelquefois; cependant cela empêche-t-il que le fermier & les proprietaires ne conviénent pour trois, pour cinq, pour six, pour neuf anées d'un prix comun pour chaque anée, quoique les anées puissent être très-inégales entre elles en raport & en produit ? c'est que l'on sait que les bones aident à payer les mauvaises.

2°. Je conviens que le revenu de la terre mise en vigne, est beaucoup plus casuel, que le revenu de la terre mise en bled; mais cependant il est certain que les proprietaires donent tous les jours à ferme pour neuf ans, ou à bail perpétuel des terres plantées en vigne, & les donent à plus haut ou plus bas prix, selon l'âge, selon la multitude, selon la nature du plan, il faut bien que des diverses anées futures bones & mauvaises, le bailleur & le preneur fassent entre eux un prix comun, dont ils convienent pour chaque anée, & cela eu égard à la bone qualité de la terre, à la bone exposition, à la bonté du plan & du vin, & au prix commun du muid de vin du péis, anée comune composée des dix dernieres anées.

Il est impossible même que dans l'Election de Bordeaux, les preneurs & les bailleurs dans leurs baux de neuf ans, ou dans leurs baux perpétuels, ne mettent quelque chose en ligne de compte sur le casuel du Comerce étranger; mais enfin ils conviénent d'un *pied-comun* par chaque anée de la valeur d'un arpent de cette terre plantée en telle espece de vigne, & à telle exposition; or c'est *ce pied-comun* des baux entre particuliers, que l'on peut prendre pour pied-comun de l'estimation de ces sortes de terres, ameliorées par le plantage des vignes, comme en certains endroits de Normandie, il y a des morceaux de terres ameliorées par le plantage des pomiers.

Ces terres ne doivent donc pas être estimées ni sur la plus mauvaise anée ni sur la meilleure, mais sur un prix comun composé des neuf ou dix anées précédentes, les unes bones, les autres mauvaises, eu égard au Comerce étranger ou continué ou interompu; ainsi tel arpent planté de la même Election, vaudra douze livres anée comune, & plus que le meilleur arpent de terre propre à froment, & tel autre dans la même Election vaudra vingt-quatre livres, à cause de l'exposition, & même à cause de la réputation du vin; mais enfin parmi les Vignerons ces terres en vignes ont comme les terres labourables parmi les Laboureurs un prix courant pour anée comune.

3°. Un Taillable peut donc doner sa déclaration, & faire l'estimation anuelle de son arpent de terre en vigne, comme le laboureur de son arpent de terre en bled, dont il joüit par ses mains, & si le Vigneron estimoit dans sa déclaration sa vigne à trop bas prix d'un tiers, les laboureurs & les autres Vignerons veroient avec évidence la fausseté de l'estimation; ainsi il seroit bien-tôt condamné par les Experts du lieu même.

4°. Ce qui est de certain, c'est qu'il y a des baux des terres plantées en vigne, & que dans ces baux on n'y compte point les peines & les dépenses du Vigneron; & qu'ainsi il est facile d'y voir ce que chaque arpent est estimé, & plusieurs baux semblables peuvent servir de regle d'estimation pour chaque arpent de la même terre, & de la même exposition.

5°. La Taille doit être imposée dans la Généralité de Bordeaux sur ce pied comun du revenu anée comune des terres plantées en vigne; de sorte que le Vigneron puisse achever de payer sa Taxe des mauvaises anées avec le produit des bones anées précédentes.

OBJECTION XXVI.

Il est à propos d'un côté que la Comission de Secretaire ou de Teneur de Registre d'une Paroisse soit sufisamment lucrative pour l'engager à accepter cette Comission; mais il est à propos d'un autre côté qu'elle ne le soit pas trop, pour n'être pas trop à charge à la Paroisse, & sur tout aux pauvres familles.

Le Reglement peut donc ordoner, *que le déclarant donera six deniers pour livre de sa Taxe de l'anée courante*; le Taillable dont la cote n'eſt qu'à trois livres, ne payera qu'un ſou ſix deniers, celui dont la côte eſt de cent écus, payera ſept livres dix, ſoit que le nombre de ces ſous-articles ſoit grand ou petit; ainſi les ſix deniers pour livre pour le Secretaire de la Paroiſſe de Saint Pierre, qui eſt quatre mille cinq cens livres ſera de cent douze livres dix ſous ce qui ne ſera pas trop pour une Paroiſſe de deux cens ſoixante-quatre familles, & ſera cependant ſufiſant pour engager un Secretaire à bien faire ſon travail, ſur tout s'il eſt encore Secretaire ou Teneur de Regiſtre de pluſieurs Paroiſſes voiſines.

Il eſt vrai que cela ne poura s'executer entierement la premiére anée, parce que tous les Taillables ne ſeront pas déclarans, mais on peut y ſupléer en ordonant que pour la premiere anée les déclarans lui payeront un ſou par livre, pour l'encourager à comencer.

Il n'y aura point de Taillable qui ne paye très-volontiers cette anée un vingtiéme de plus, pour avoir cette précieuſe ſeureté de poſſeder deſormais tranquillement ſa petite fortune, pour n'avoir plus à craindre ni pour ſoi ni pour ſes enfans, d'être ruinés ni par des colectes trop onereuſes, ni par des Taxes exceſſivement diſproportionées, & ſur tout pour avoir dès cette anée une diminution de ſa Taxe de plus de quatre ſous pour livre aux dépens des non déclarans.

Peut-être que dans la ſuite il ſera plus à propos de jetter ces ſix deniers ſur l'impoſition de la Paroiſſe, & de doner commiſſion au Receveur des Tailles de payer ces Secretaires immediatement après leur travail; peut-être que le Secretaire poura un jour être gagé par les Colecteurs pour faire le recouvrement; mais tous ces perfectionemens ne regardent pas l'établiſſement, & il ne s'agit ici que de l'établiſſement.

REPONSE.

Pluſieurs perſones habiles que j'ai conſultées croyent que ces ſix deniers pour livre ſufiront au Secretaire, & que d'un autre côté cette retribution ne ſera pas exceſſive.

OBJECTION XXVII.

Vous ne sauriés encore fixer vôtre Tarif à quatre sous pour livre sur le proprietaire d'une maison, d'une rente, ni les autres Tarifs jusqu'à ce que vous ayés vû par l'experience de l'imposition si le produit de ces Tarifs montera plus haut, ou sera plus bas que la Taxe de la Paroisse portée par le mandement de l'Intendant; car si le produit de vos Tarifs est d'un dixiéme ou autre partie plus fort que la Taxe du mandement, il faudra diminuer tous ces Tarifs d'un dixiéme ou autre partie que la Taxe du mandement, il faudra alors augmenter d'un dixiéme, ou autre partie ces mêmes Tarifs, donc le Reglement ne sauroit regler ni déterminer aucuns Tarifs qu'après l'experience de l'imposition de la Taxe portée par le mandement de l'Intendant; car on ne verra qu'alors s'il faut ou augmenter ou diminuer les Tarifs, & de combien.

REPONSE.

Cette dificulté ne vient qu'à ceux qui n'ont pas encore bien compris la diférence entre la Taxe de proportion de chaque Taillable, & sa Taxe exigible.

La Taxe de proportion faite d'un coté sur la déclaration des revenus du Taillable, tant pour la qualité de ces revenus, que pour leur quantité, ne décide autre chose sinon que si le Roi demandoit à la Paroisse quatre sous pour livre au proprietaire Taillable sur la rente qui lui est dûë, le proprietaire payeroit tant.

Ce produit des Tarifs ne peut donc pas être une Taxe réelle & exigible, tant que le Roi ne demandera pas à la Paroisse le produit des Tarifs; mais ces Tarifs ordonés par le Roi, servent à former la Taxe de proportion, qui n'est qu'une Taxe de suposition & purement conditionelle, mais qui est cependant absolument nécessaire, pour former la Taxe exigible d'une maniere où la proportion soit exactement gardée.

La Taxe exigible au contraire outre la déclaration du revenu, outre la proportion produite par une regle uniforme pour tous les Taillables de toutes les Elections, & de toutes les Généralités du Royaume, supose encore la conoissance de la Taxe réelle & exigible, que le Roi demande à la Paroisse par le mandement de l'Intendant; ainsi il faut pour former la Taxe exigible sur le Taillable, & pour savoir s'il faut ou augmenter ou diminuer la Taxe de proportion pour en former la Taxe exigible, savoir quelle est la Taxe réelle & exigible du mandement.

Mais on voit qu'il ne faut pas pour cela ni diminuer ni augmenter les Tarifs d'un dixiéme ou autre partie; & même j'ai remarqué en un endroit que si l'on mettoit tous les diférens Tarifs à la moitié moins, ils produiroient à la verité une Taxe de proportion ou de suposition la moitié moindre sur chaque Taillable; mais que la Taxe exigible sur chaque Taillable seroit toûjours la même, parce que le produit des Tarifs ne formant que la moitié de la some du mandement, on n'auroit pour former la Taxe exigible qu'à doubler au sou la livre la some de la Taxe de proportion de chaque Taillable, pour en former la Taxe réelle & exigible.

Je me suis un peu arêté à expliquer la Taxe de proportion ou de suposition & la Taxe exigible, parce que des persones d'ailleurs habiles n'ont pas d'abord compris la diférence, & l'usage de ces deux sortes de Taxes.

OBJECTION XXVIII.

Au lieu de la liberté que vous donés au Taillable vexé de doner sa déclaration, pourquoi n'obligés-vous pas en même tems sous des peines sufisantes, le Taillable vexant de doner la siéne?

RE'PONSE.

1°. Si le Taillable vexant se trouve engagé par son interêt à se mettre l'anée suivante au nombre des Taillables déclarans, qui ne demandent que justice & proportion, & s'il vient doucement par lui-même à regarder la déclaration, comme l'unique azile contre l'injustice, & la disproportion il n'en faut pas davantage; or par la diminution d'un cinquié-me me de la Taille des déclarans vexés, & par l'augmentation de ce cinquiéme de la Taxe des non déclarans vexans, le non déclarant arivera doucement à sentir, qu'il seroit lui-même bien-tôt vexé, s'il ne se metoit pas dans la voye de la justice, comme les Taillables vexés.

2°. Les peines qui seroient ordonées, seroient à la verité sufisantes contre quelques-uns des non déclarans, mais souvent elles ne seroient pas sufisantes pour les autres.

3°. Ces peines pouroient même être excessives contre quelques-uns.

4°. Ces punitions causeroient beaucoup de frais & de procès.

5°. Ces peines paroîtroient d'abord purement comminatoires, au lieu que la peine des non déclarans sera dès la premiére anée imposée & même avec proportion, puisque ce sera au sou la livre, & sera parfaitement executée contre le non déclarant.

6°. La peine proposée pour la seconde anée sera beaucoup plus grande, les Taillables vexans en seront avertis; ainsi ils auront loisir de comparer quel est le meilleur parti pour eux de déclarer ou de ne pas déclarer, & auront ainsi le loisir de se déterminer doucement & toûjours par leur propre interêt.

OBJECTION XXIX.

Vos essais demanderont plus de tems que vous ne croyés.

REPONSE.

Si le Conseil rend trois ou quatre Arêts pour trois ou quatre Elections dans le mois prochain, si les Comissaires peuvent faire imprimer cet Arêt & leurs modéles de déclarations & de Rôles dans le mois suivant, & qu'ils comencent ensuite durant un mois à établir les Teneurs de Registres, l'operation des déclarations peut ne durer qu'un mois, si l'Intendant avance le tems de ses mandemens pour cette Election, les rôles pouroient être tous faits en moins de cinq mois.

OBJECTION XXX.

Vous metés le même Tarif ſur les rentes viageres, que ſur les rentes perpétuelles; cependant il y a une grande diférence entre elles pour le capital, puiſque les rentes viageres ſe rachetent par un prix la moitié moindre.

RE'PONSE.

La Taxe anuelle doit être proportionée au revenu anuel; or la rente viagere de cent livres ne produit-elle pas un revenu anuel égal à la rente perpétuelle de cent livres, avec cette diférence, que la Taxe dure toûjours ſur la rente perpétuelle, au lieu que la Taxe ſur la rente viagere finit en même tems que cette rente.

OBJECTION XXXI.

Le Tarif ſur le proprietaire d'une maiſon de quarante livres de revenu, eſt égal au Tarif ſur le proprietaire d'une rente de quarante livres; cependant il y a des réparations pour l'entretien de cette maiſon, & il n'y en a point pour cette rente.

RE'PONSE.

1°. Je conviens qu'il en coûte ordinairement un dixiéme en réparations, mais les rentes ne ſe payent pas par quartier, au lieu que les baux des maiſons ſe payent par quartier.

2°. Vous pouvés changer d'un locataire qui paye mal, vous ne pouvés pas changer le mauvais débiteur d'une rente.

3°. Il y a ſouvent deux ou trois anées d'arerages d'une rente, il n'en eſt pas de même du bail d'une maiſon.

4°. Le revenu d'une maiſon va en augmentant comme les denrées par la multiplication des habitans, par l'augmentation du prix & de la quantité de l'or & de l'argent dans le Comerce, & par le perfectionement des Arts; la rente ne ſauroit aller en augmentant, elle va même en un ſens toûjours en diminuant, à cauſe de l'augmentation du prix des denrées, qui ſont néceſſaires à l'entretien du proprietaire de la rente.

OBJECTION XXXII.

Par le Projet de Reglement vous n'obligés point le Marchand à déclarer en détail, ni ſes marchandiſes ni ſes dettes actives, ni ſes dettes paſſives pour ſon comerce; vous ne l'obligés à déclarer ces choſes en détail qu'en cas que les Colecteurs l'aſſignent en fauſſe déclaration; mais coment les Colecteurs oſeront-ils jamais l'aſſigner, puiſqu'il poura toûjours ſupoſer des dettes plus grandes qu'elles ne ſont envers ſes Coreſpondans?

REPONSE.

1°. Il ne déclarera pas plus de dettes paſſives qu'il n'en a ſans prendre des contre-lettres de ſes créanciers; car ſans cela ils pouroient eux ou leurs heritiers prendre droit contre lui par ſa propre déclaration; or ſi par le Reglement les contre-lettres ſont déclarées nulles auſſi bien entre Marchand & Marchand, qu'entre le proprietaire & le fermier, à moins qu'il n'en ſoit fait mention dans la déclaration de celui qui en eſt porteur, le Marchand pour friponer deux piſtoles à la Paroiſſe, riſquera-t-il de payer deux cens piſtoles de plus qu'il ne doit aux heritiers de ſon Coreſpondant, qui pouront ſe ſervir du privilege de la loi, qui anule les contre-lettres faites pour frauder un tiers? riſquera-t-il de perdre deux cens livres & le quadruple de deux piſtoles, tous les frais du procès, & l'infamie d'avoir juré faux, lui qui dans ſon comerce a plus beſoin que tout autre de la réputation d'homme de probité & de bone foi? ces cas ſeront ſi rares, qu'ils ne peuvent jamais meriter la moindre atention.

2°. Le Reglement peut même ordoner une amende de cinq cens livres, le tiers au profit de la Paroiſſe, & les deux tiers au profit des Colecteurs contre le Coreſpondant ou autre, qui prêteroit ſon nom au Marchand dans une dette de confidence pour frauder la Paroiſſe, mais ces perfectionemens ne regardent pas les premieres anées de l'établiſſement.

OBJECTION XXXIII.

Ne pouroit-on pas prendre un point plus fixe & plus certain que le prix de la journée du Journalier pour fixer les Claſſes d'induſtrie; par exemple le prix des denrées néceſſaires à la vie, qui ſont à meilleur marché dans une Election où il y a peu d'argent & peu de comerce, que dans une Election où il y a beaucoup d'argent, & un grand comerce?

REPONSE.

1°. Il ſeroit moins aiſé de fixer dans une Election le prix comun du pain, de la boiſſon, du drap, du cuir, de la toile, &c. toutes denrées néceſſaires à la vie, que d'y fixer le prix comun de la journée du Journalier.

2°. La fixation du prix comun de la journée du Journalier eſt une fixation naturelle du prix de ces denrées, puiſque le Journalier ne peut s'en paſſer, & qu'il faut qu'il vende ſa journée pour en acheter tant pour lui que pour ſa famille; ainſi il eſt évident que le prix de la journée du Journalier doit augmenter ou diminuer à proportion du prix des denrées néceſſaires à la vie.

3°. Que s'agit il de fixer? ſi ce n'eſt le revenu ou gain anuel, que les Taillables de diférens états peuvent faire par leur travail journalier; or que peut-on faire de mieux que de comparer la valeur de ces diférentes journées entre elles, à comencer par celle dont le prix eſt le plus conu, & plus en évidence, c'eſt-à-dire, par la journée du ſimple Journalier?

OBJECTION XXXIV.

Il y a des Gentilshommes & d'autres exemts, qui tantôt font valoir eux-mêmes une ferme de deux ou trois charuës, tantôt la baillent à ferme; or telle ferme payeroit quelquefois cent livres, telle autre payeroit ſouvent deux cens livres à la décharge de la Paroiſſe. Il y a de même quelquefois des incendies & des grêles, il y a de grandes mortalités d'hommes & de beſtiaux : un Taillable peut devenir fermier de terres, qu'un Taillable d'une autre Paroiſſe exploitoit ; il y a de même dans des Paroiſſes ou augmentation de nouveaux habitans par les changemens de domicile, ou diminution du nombre des anciens ; il y a des Taillables qui achetent des privileges : il y a des privilegiés qui meurent & qui laiſſent leurs biens à des Taillables, ce ſont autant de motifs de diminution ou d'augmentation pour chaque Paroiſſe.

Il eſt donc néceſſaire qu'avant que l'Intendant faſſe la cote des Paroiſſes, il ſoit averti de ces changemens, pour diminuer ou augmenter la cote de chaque Paroiſſe, en chargeant les unes de ce dont il doit décharger les autres ; or pour l'en faire avertir à tems vous ne prenés nules meſures par vôtre Reglement ; ainſi les Taxes qui ſeront portées par les mandemens, ſeront toûjours fort diſproportionées entre Paroiſſe & Paroiſſe.

RÉPONSE.

1°. Le Reglement peut ordoner, *que les Colecteurs doneront un Mémoire ſigné d'eux au Receveur avant le premier de Septembre, à peine de cinquante livres d'amende : que le Receveur leur en donera ſon Recepiſſé pour les garantir de ladite amende. Et que ce Mémoire contiendra le prix des terres & fermes que les exemts reprendront pour les faire valoir, & celles qu'ils afermeront de nouveau, le prix des fermes que les habitans prendront de nouveau dans d'autres Paroiſſes ; le prix des fermes qu'ils ceſſeront de faire valoir, les noms & les Taxes des Taillables entrans & des ſortans ; le domage des grêles, des inondations, des incendies, des mortalités extraordinaires. Motifs tant pour augmenter que pour diminuer la cote de l'anée ſuivante de ladite Paroiſſe.*

2°. Il eſt viſible que le Receveur & le Subdelegué ayant ces divers Mémoires ou d'augmentation ou de diminution le premier de Septembre pouront en préparer des rejets au ſou la livre ſur le total de l'Election ; de ſorte que l'Intendant dans ſa tournée n'aura qu'à verifier ces Mémoires &

ces calculs, pour obſerver une proportion anuelle dans les Taxes anuelles des Paroiſſes où il arive des changemens.

OBJECTION XXXV.

Supoſé que l'on acorde ſix deniers pour livre au Secretaire, ne ſeroit-il pas convenable de les faire lever ſur la Paroiſſe, plûtôt que d'obliger chaque déclarant à les lui payer?

RE'PONSE.

1°. Que chacun paye ces ſix deniers pour livre, ou entre les mains du Colecteur ou entre les mains du Secretaire, cela revient au même pour la Paroiſſe.

2°. Il eſt plus comode & plus déſirable pour le Secretaire de les recevoir à meſure qu'il travaille; & il eſt viſible qu'il en travaillera avec plus de courage & d'aſſiduité, que d'avoir à les recevoir un an après ſon travail par les mains du Receveur.

3°. Il peut ariver dans la ſuite que la Cour ſera en état de faire payer par le Receveur des Tailles le droit du Secretaire dans le mois ſuivant qu'il aura achevé ſon ouvrage; mais quant à préſent il ſufit que les déclarans payent ſon travail à meſure qu'il travaille.

4°. Il poura bien ariver dans la ſuite que la plupart des Colecteurs chargeront pluſieurs de ces Secretaires de cueillir la Taille à leur place, & d'en faire les deniers bons moyénant leur droit d'un ſou ſix deniers par livre, c'eſt que la plupart des Colecteurs même avec un ſou ſix deniers de droit de colecte y perdroient, faute de ſavoir par un uſage continuel le métier de Colecteur, au lieu que le Secretaire ou tel autre Colecteur gagé, qui aura eu le loiſir d'aprendre ce métier en diférentes anées pour diférentes Paroiſſes, trouvera du profit à faire la colecte à forfait à un ſou ſix deniers par livre, en ſupoſant ſeulement que la répartition a été faite avec proportion; on voit ſouvent qu'un bon ouvrier peut doner à huit francs le même ouvrage qu'un mauvais ouvrier qui ne ſait pas ſi bien ſon métier, ne ſauroit doner qu'à dix ou à douze francs.

OBJECTION XXXVI.

Vous mettés dix ans afin que celui qui a comis le crime de fausse déclaration puisse acquerir droit de prescription contre tout Colecteur ou habitant, n'est-ce pas un terme trop long? Et ne faudroit-il pas réduire ce terme à cinq ans?

REPONSE.

1°. Plus le Reglement étendra les termes, plus il intimidera celui qui auroit intention de déclarer faux.

2°. Il y a des gens qui sont seurs d'une puissante protection durant cinq ans, qui n'en sont pas seurs pour dix ans, & ceux-là n'oseront déclarer faux.

3°. Il n'y a jamais à craindre de punir d'une peine sufisante un mensonge fait exprès pour faire une injustice criante à de pauvres habitans; car la fraude n'est pas contre le Roi, mais contre les pauvres habitans de la Paroisse & de l'Election; car il faut toûjours que l'imposition totale des Tailles soit levée totalement.

4°. Il est tellement important au succès du nouveau Reglement d'inspirer une grande crainte de cometre le crime de fausse déclaration, que sans cette crainte salutaire tout retomberoit bien-tôt dans les desordres afreux & dans les disproportions excessives & ruineuses de la Taille arbitraire, & les hommes sont faits, de sorte qu'il faut que la loi leur fasse trouver leur interêt à observer la justice les uns envers les autres, & la loi ne peut jamais y parvenir que par des peines & sufisantes & inévitables; car si elles sont évitables elles cessent d'être sufisantes.

OBJECTION XXXVII.

Le Reglement devroit ordoner, *que le Secretaire de la Paroisse mettra dans son Registre par alfabet les nouveaux Taillables de l'anée prochaine, soit ceux qui vienent demeurer dans la Paroisse, soit ceux qui par leur âge de majorité comencent à être enrôlés, les Paroissiens qui donent aux Colecteurs le Mé-*

moire des Taillables à enrôler, en doneront un pareil au Secretaire avant le premier d'Avril.

REPONSE.

C'est une adition à faire au Reglement.

OBJECTION XXXVIII.

Vôtre plan qui est de ne prendre que sur le revenu anuel dequoi payer la Taxe anuelle, & de ne demander que suivant le Tarif ou du centiéme ou du deux centiéme denier la Taxe sur les éfets en comerce, & même seulement sur ces éfets, dont la valeur passe deux cens livres sur le pied, ou de vingt sous ou de quarante sous, est à la verité une excellente vûë pour faire germer un nombre infini de petits comerces, que le pouvoir arbitraire du Colecteur empêche de germer, parce qu'il est bien plus facilement payé de quarante ou cinquante livres sur ceux qui ont pour trois ou quatre cens livres de bestiaux, ou autre marchandise, qu'il ne seroit payé de cette some par tel homme, qui auroit deux cens livres de rente, mais qui par son peu d'économie se trouve mal à son aise.

Je conviens même que la regle des Tarifs peut facilement être observée par les Colecteurs, par une Paroisse protegée, qui ne sera chargée que sur le pied comun des autres Paroisses de l'Election; mais si par hazard une Paroisse non protegée étoit depuis plusieurs anées excessivement chargée en comparaison du pied comun des autres Paroisses de l'Election, par exemple, d'un tiers plus; en sorte que si le pied comun des Paroisses de l'Election montoit à quatre sous pour livre du revenu du proprietaire, & les autres especes de revenus à proportion, & que le mandement de la Paroisse dont il s'agit se trouvât si fort qu'à moins d'imposer sur les habitans six sous pour livre, il seroit impossible de lever la Taxe de la Paroisse; n'est-il pas vraisemblable qu'alors le Colecteur ne pouroit pas recouvrer la Taxe totale, s'il ne jettoit une grande portion de la Taxe de la Paroisse sur ceux qui auroient de la marchandise en comerce? Alors l'impossibilité de de lever la Taille sans cela ne le mettroit-elle pas dans la nécessité ou de ne pas suivre les Tarifs, ou de ne pas faire le recouvrement avec facilité.

REPONSE.

1°. Il est vrai qu'il y a dans une Election des Paroisses favorisées au point que la Taxe est un tiers moindre que le pied comun des autres Paroisses par raport aux diférens revenus des Taillables, ces Paroisses ne sont qu'à deux sous pour livre du revenu du proprietaire, tandis que la Paroisse dont il s'agit est à six sous pour livre de ce revenu, & les Paroisses modérément taxées sont à quatre sous pour livre.

Mais on peut mèttre en fait qu'il n'y en a point qui soient chargées depuis long tems sur le pied de huit sous pour livre, tandis que le pied comun du total est de quatre sous, la plupart des habitans auroient deserté depuis le comencement de cette excessive disproportion, & la Paroisse seroit demeurée acablée de restes, & les Colecteurs des diverses anées auroient tous été ruinés, mais sur tous ceux qui auroient eu quelque marchandise & quelques bestiaux dans le comerce; ceux qui par leur industrie auroient pu gagner quelques pistoles par quelques marchés avantageux, ou par quelque succession, auroient deserté la Paroisse vexée, & se seroient retirés ailleurs pour éviter leur ruine totale, eux qui par leurs éfets comerçables, auroient eu plus de facilité que les autres à changer de domicile.

2°. Cet inconvenient ne seroit même qu'un inconvenient passager, puisque par l'essai de cette Election on vèroit dès la premiere anée que cètte Paroisse est excessivement taxée; ainsi elle seroit mise l'anée suivante au niveau des autres. L'inconvenient ne seroit donc que pour une anée, & seulement pour une Paroisse, que je supose à deux mille livres & de cent familles assés pauvres & taxées à six sous pour livre & les Colecteurs, qui n'ayant pû lever que dix-sept ou dix-huit cens livres, & qui auroient encore à répeter deux ou trois cens livres les anées suivantes, auroient une grande consolation en ce que par l'établissement de la Taille Tarifée, les Tarifs assureroient à leur Paroisse, & par conséquent à chaque habitant une diminution du tiers de la Taxe; or n'est-il pas vrai que ces Colecteurs auroient ainsi seureté de retirer en un ou deux ans de ces habitans leurs redevables, les deux ou trois cens livres qu'ils auroient avancées pour la Paroisse au Receveur des Tailles?

3°. Tout ce que ces Colecteurs auroient pu faire en usant de leur pouvoir despotique, se seroit terminé à charger au plus un de ces habitans de trois ou quatre pistoles plus que sa Taxe ordinaire, en consideration des éfets qu'il a dans le Comerce; or je demande si cela est comparable pour eux à l'avantage d'un nouvel établissement, par lequel la Paroisse seroit déchargée pour toûjours & dès l'anée suivante du tiers de sa Taxe, & par lequel ils auroient incomparablement plus de facilité & de seureté de retirer les restes des redevables?

4°. Je sai bien que dans une Paroisse pauvre la plupart des Artisans & des Journaliers n'ont pas de rentes sufisantes pour payer la Taxe de leur industrie; mais dès que le Reglement ne les charge de cètte Taxe qu'à proportion de leurs rentes, le Colecteur n'a pas à craindre de ne pouvoir faire son recouvrement.

5°. Je sai bien que là où l'industrie paye moins, là il faut que les fermiers & les proprietaires payent davantage; mais d'un coté le Colecteur a sa sureté pour le recouvrement sur ces sortes de biens, & de l'autre ces proprietaires & ces fermiers auront la consolation d'être seurs que dès l'anée suivante leur Taxe sera diminuée d'un tiers pour toûjours.

6°. Pour se convaincre que les Colecteurs d'une Paroisse trop chargée d'un tiers, demanderont seurement l'établissement, il n'y a qu'à laisser la plus chargée de l'Election en pleine liberté de demeurer avec sa Taxe dans le systéme de la Taille arbitraire, & l'on verra le parti que prendront les Colecteurs; car pour les autres habitans, il n'est pas douteux qu'ils ne choisissent la seule voye qui peut prouver invinciblement à l'Intendant qu'ils sont trop chargés, & de combien ils sont trop chargés.

7°. L'Intendant peut même prendre un autre expedient, c'est de proposer à ces habitans de prendre sur eux tous les frais & les pertes de la colecte de la premiere anée de l'établissement, à condition de faire la répartition sur le pied des Tarifs; or il est visible qu'ils opteroient ce parti plûtôt que d'avoir toûjours un impôt excessif; car ils n'auroient que cette anée à soufrir par le nouvel établissement, au lieu qu'ils demeureroient tous les ans trop chargés par le systême ancien.

C'est ainsi que les objections les plus aparentes que l'on fait contre un systême, dont le fonds est bon, s'évanoüissent d'elles-mêmes, dès que l'on peut les faire considerer de près, non selon la premiere aparence, mais selon la réalité des choses.

OBJECTION XXXIX.

Je conviens que pour les premieres anées de l'établissement, lorsque les Secretaires des Paroisses & les Colecteurs ne sont pas encore sufisamment stilés, & lorsque tous les Paroissiens n'ont pas encore été amenés à faire leur déclaration, on ne peut pas se servir de ce Registre pour en faire le rôle tarifé, qui seroit arêté à la fin par les Colecteurs; mais lorsqu'il n'y aura plus d'habitant qui ne signe volontairement sa déclaration, qui empêcheroit les Colecteurs de se servir de ce même Registre pour y faire leurs Taxes de proportion, & leurs Taxes exigibles pour chaque Taillable? le Secretaire même que l'on supose homme intelligent, leur aideroit à faire leurs calculs pour ces deux diférentes Taxes, & ils n'auroient qu'à en arêter les totaux à la fin, & en signer la conclusion, & le laisser pour minute chés le Secretaire, vous épargneriés ainsi un rôle de plus, & ce Secretaire deviendroit ainsi un nouveau Grefier des Rôles, non en Charge, mais en Comission.

REPONSE.

1°. Je ne disconviens pas qu'après l'établissement les Colecteurs ne puissent de concert avec le Secretaire, se servir de son Registre pour en faire leur rôle tarifé, & le Conseil peut un jour leur doner la permission, mais non pas l'ordre d'en user ainsi, sur tout dans les premieres anées, où il ne faut point de contrainte, & où l'experience n'a pas encore fait apercevoir tous les avantages & tous les inconveniens d'une certaine pratique.

2°. Si cela arivoit ainsi, on voit bien que le Registre d'une anée ne pouroit pas servir pour une autre anée ; & c'est ici une nouvelle Réponse, que l'on peut encore faire à l'Objection XXI. de ce Suplément.

OBJECTION XL. ou *Errata.*

Il y a un faute de Copiste ou d'impression dans l'article six du Reglement dans ces mots, *aux trois quarts*, aparemment que l'Auteur a voulu dire au quart, & non aux trois quarts.

REPONSE.

La remarque est juste, & la suite de l'article fait voir l'intention de l'Auteur, & la faute du Copiste.

OBJECTION XLI.

Je conviens 1°. qu'il est facile & même nécessaire d'établir des Tarifs uniformes & universels dans tous les péis de Taille arbitraire sur les heritages, dont les Taillables sont proprietaires, maisons & terres, soit celles qu'ils baillent à louage, soit celles dont ils joüissent par leurs mains, il faut une regle, il faut un point fixe, un Tarif uniforme pour tout le Royaume.

Je conviens 2°. qu'il faut de même une regle, un point fixe, un Tarif uniforme dans tout le Royaume, pour les rentes dont les Taillables sont proprietaires.

Je conviens 3°. qu'il faut une regle uniforme, un Tarif pour les baux, & que ces trois points font plus des deux tiers & même les trois quarts des revenus des Taillables.

4°. Je conviens que le Tarif ou du centiéme, ou du deux centiéme denier joint à la déclaration en gros du Marchand de la valeur des éfets qu'il a dans le Comerce, se trouvera un azile très-avantageux au Marchand contre le pouvoir arbitraire des Colecteurs ; ainsi je conviens que le sistéme proposé peut être d'une très grande utilité aux Taillables pour ces quatre articles, & qu'il n'y aura jamais à craindre par ce moyen aucune disproportion excessive sur ces especes de revenu des Taillables.

Mais il faut que l'Auteur avoüe qu'il est impossible d'établir aucune regle de proportion sur le revenu que produit le travail & l'industrie, & qu'ainsi la Taxe pour l'industrie doit être laissée à l'arbitraire des Colecteurs, tandis qu'ils seront obligés de suivre les Tarifs pour la Taxe sur les autres sortes de revenus du Taillable.

Il est vrai que l'on peut savoir ce que gagne le Journalier, soit par jour soit par an, il est vrai que l'on peut faire une estimation du prix comun de la journée du Journalier dans une Election entre la plus forte & la plus foible ; il est vrai que l'on peut avec justice établir pour Tarif de son industrie la valeur ou de cinq ou de dix de ses journées, & qu'ainsi on pouroit parvenir à regler la Classe du Journalier.

Il est encore vrai qu'entre les Artisans, qui professent certains Arts comuns, il n'y a pas non plus une si grande diférence entre Artisan & Artisan, parce que le moins habile imite bien-tôt le plus habile ; mais on m'avoüera qu'entre les professions où l'esprit a plus de part que le corps, comme Medecin, Avocat, &c. on ne sauroit y établir aucune égalité de revenu ; car l'un gagnera beaucoup tandis que l'autre ne gagnera presque rien ; coment donc y pouvoir établir aucune sorte de regle ?

Il est vrai que par vôtre regle ni aucun Journalier, ni aucun Artisan, ni aucun Avocat ou Taillable de la premiere Classe ne sera ruiné par la Taxe d'industrie, parce que vous faites ce Tarif sur l'estimation du pied comun de la valeur de la journée de chaque Taillable, & que votre Tarif est fondé sur ce que vous demandés à chacun d'eux pour Taxes de leur travail, ou cinq ou dix journées comunes de ce travail, mais il sera toûjours vrai que si vous demandés assés au Medecin, à l'Avocat malhabile, vous ne demanderés pas assés à l'Avocat, au Medecin habile.

Je sai bien que s'il n'y a aucun Tarif sur le revenu d'induſtrie de ces profeſſions, il faudra abandoner la Taxe d'induſtrie à l'arbitraire des Colecteurs, ce qui eſt un grand inconvenient, mais peut-être que c'eſt un inconvenient inévitable.

REPONSE.

1°. Il faut toûjours ſe ſouvenir que le but du Conſeil en poſant des regles, des points fixes, des Tarifs, eſt premierement de lever le ſubſide anuel de la Taille ſur les diférens revenus ou gains anuels du Taillable; ſecondement de le lever de la maniere la moins ſujètte aux diſproportions exceſſives & ruineuſes, & l'on ſait que plus on aproche de la proportion, plus le recouvrement eſt facile.

Il faut donc voir en premier lieu, ſi en ordonant les Tarifs propoſés, le ſubſide de la Taille ſera levé; en ſecond lieu, ſi par l'obſervation de ces Tarifs il y aura diſproportion exceſſive & ruineuſe.

Or premierement il eſt évident que le ſubſide ſera levé, que tous les revenus des Taillables en terres, en maiſons, en rentes, en fermages, en comerce, en induſtrie ſeront taxés; il eſt évident que la Taxe du Taillable ſe hauſſe & ſe baiſſe ſuivant que le Roi la demande plus forte ou plus foible; mais elle ſe hauſſe & ſe baiſſe toûjours dans toutes les Elections, dans toutes les Généralités, ſuivant les Tarifs qui ſont des regles univerſelles & uniformes: premier point eſſentiel. Secondement, il eſt évident que le ſubſide de l'induſtrie ſera levé, ſans qu'aucun Taillable puiſſe ſe plaindre d'une Taxe exceſſive & ruineuſe; au lieu que ſi on laiſſoit aux Colecteurs liberté entiere de taxer l'induſtrie ſuivant leurs paſſions, un malhabile Avocat, un malhabile Medecin pouroit être taxé à une Taxe deux fois, trois, quatre fois plus forte que celle qu'il payeroit par le Tarif.

Voilà donc le but du Conſeil rempli, le ſubſide eſt levé, & aucun Taillable ne peut ſoufrir de diſproportion exceſſive.

2°. Je conviens que ni l'habile Medecin ni l'habile Avocat ni l'habile Comerçant en ne payant de Taxes d'induſtrie que comme le mediocre Medecin, le mediocre Avocat, le mediocre Comerçant, l'habile se trouve favorisé d'un tiers, d'une moitié; & j'avoüe que c'est un inconvenient, mais vous m'avoüerés aussi que cet inconvenient en sauve un autre beaucoup plus grand, qui est que ni l'habile ni le malhabile ne pouront jamais être ruinés & chassés de leurs Paroisses par les grandes injustices des Colecteurs; or de deux maux ne faut-il pas choisir le moindre?

3°. L'inconvenient que le Roi ne tire pas de l'industrie de l'habile Avocat, de l'habile Medecin, de l'habile Comerçant tout ce qu'il en pouroit tirer paroît peu important, quand l'on considere que ce qu'il gagne en deux ou trois ans se trouve bien-tôt employé en aquisition de maisons, de rentes, de marchandises, qui vont bien-tôt former un revenu nouveau, qui payera par conséquent une nouvelle Taxe au Roi à la décharge de la Paroisse.

4°. Il y a encore une autre considération importante à faire, c'est que les Taillables de la premiere Classe, Juges, Avocats, Procureurs, Notaires, Medecins, &c. sont des professions qui ne font pas la trois centiéme partie des autres Taillables; ainsi quand sur une Election de trois cens mille livres, le Roi ne leveroit pas mille livres d'industrie, qu'il pouroit lever sur les plus habiles de ces professions; en verité seroit-ce une raison pour l'empêcher d'établir une regle qui empêche que le petit nombre de ces habiles, & que le grand nombre des mediocrement habiles ne soient jamais ruinés par des Taxes arbitraires excessives, sur tout lorsque le Conseil est seur que ces trois cens mille livres seront levées dans cette Election, & beaucoup plus facilement levées qu'ils ne l'étoient dans la Taille disproportionée.

5°. Que l'on compare donc présentement l'inconvenient du Tarif pour l'industrie, qui est que le plus habile ne porte pas tout ce qu'il pouroit porter, aux grands inconveniens *du non Tarif*, tant par raport à la seureté de la fortune du Taillable, que par raport à la facilité & à la seureté du recouvrement du subside, & l'on vèra que l'objection n'a de force que dans la premiere aparence, puisque tout le monde convient qu'en politique comme en morale, de deux inconveniens il faut toûjours choisir le moindre, & que presque dans tous les établissemens on se trouve dans la fâcheuse néceslité de choisir entre deux maux.

OBJECTION XLII.

Vous avés omis dans les revenus taxables les bois, les prez, les champarts, la pêche, les censives, les droits Seigneuriaux, les fours banaux, que des Seigneurs baillent à ferme, les dixmes que les Eclesiastiques aferment aux Taillables.

REPONSE.

Je n'ai pas omis ces sortes de choses, & si je ne les ai pas nomées en détail, c'est que ces droits & ces revenus sont compris dans les baux des Taillables, tout est compris sous les termes generiques *de baux & de fermages*.

OBJECTION XLIII.

Vous proposés de mettre dans la premiere Classe d'industrie les Laboureurs & les Artisans qui ont plus de cinquante livres de revenu; mais n'est-il pas plus raisonable de les laisser dans leur seconde Classe d'industrie?

1°. Parce que par leur industrie ils ne font pas un profit anuel plus grand que les autres Artisans & Laboureurs par la leur, & que la Taxe anuelle d'industrie doit se regler uniquement sur le gain anuel de l'industrie.

2°. Parce que ces Laboureurs, ces Artisans riches en revenu, payent par les autres diférens Tarifs en considération de leurs autres diférens revenus; or en les mettant dans la premiere Classe d'industrie ils auroient raison de dire qu'ils sont à la verité traités également comme leurs égaux en revenu, mais très-inégalement par raport à leurs égaux en industrie.

3°. Il est vrai que le riche Artisan vivra plus à son aise que le pauvre; mais la Loi ne prétend pas rendre égales les fortunes inégales, ce seroit une injustice & un très-grand desordre: elle n'a pour but que de laisser chacun dans sa fortune, mais de tirer plus du plus riche que du moins riche; il faut observer en tout la proportion.

4°. Le Laboureur riche fera bien-tôt passer ses enfans dans

la

la premiere Classe où ils payeront davantage d'industrie, ils deviendront Oficiers de Justice, Marchands, Chirurgiens, &c. Enfin dans une condition où il y a plus de considération, plus de profit & moins de peine corporelle, ainsi les enfans payeront bien-tôt plus d'industrie que n'a payé leur pere; mais ils payeront plus d'industrie, parce qu'ils gagneront plus par leur travail, qu'il ne gagnoit par le sien.

REPONSE.

Ces raisons me paroissent solides, ainsi je m'y rends & je suis persuadé que les Laboureurs riches en revenu ne doivent point payer plus d'industrie que les Laboureurs, qui ont moins de revenu.

OBJECTION XLIV.

Je conviens qu'il faut un Tarif pour les biens, dont Pierre Taillable est proprietaire, & dont il joüit par ses mains, & un autre Tarif pour les biens que Paul tient à ferme de Pierre; mais le Tarif du Fermier est trop haut à trois sous pour livre, en comparaison du Tarif du proprietaire que vous méttés à quatre sous pour livre, le Tarif du fermier ne devroit jamais être qu'à la moitié du Tarif du proprietaire, c'est-à-dire, à deux sous, & si vous diminués tous vos Tarifs de moitié, si le Tarif du proprietaire Taillable est mis à deux sous pour livre, le Tarif du fermier ne doit être mis qu'à un sou pour livre du prix du bail.

D'ailleurs il est certain que plus vous chargés le fermier, plus vous chargés la Noblesse, le Clergé & les autres Exemts; ce qui n'est pas juste, sur tout tandis que dure le subside de la Capitation, qui embrasse tous ceux qui sont exemts de Taille; car n'est-il pas vrai que lorsque l'Etat a besoin d'une augmentation de secours de la part de tous les Ordres du Royaume, il est raisonable que le subside de chaque Ordre soit augmenté, & que la Capitation de la Noblesse & la subvention soient augmentées; mais il n'est nullement raisonable de diminuer le revenu de la Noblesse & du Clergé, en augmentant le Tarif de leurs fermiers.

REPONSE.

J'avoüe que cette raison me paroît solide, & me fait revenir à proposer le Tarif du fermier à la moitié du Tarif du proprietaire; ainsi je me rends à ce qui me paroît aprocher le plus de l'équité, s'il y a de la honte à se tromper, il y a de la gloire à se coriger.

OBJECTION XLV.

Vous ne diminués que le quart du revenu pour la réparation des moulins, cependant l'estimation la plus comune est le tiers.

REPONSE.

Je croi qu'il faut se rendre à l'estimation la plus comune; ainsi pour taxer le proprietaire Taillable, qui baille un moulin à ferme pour trois cens livres, je croi qu'il faut d'abord en diminuer le tiers pour les réparations, & mettre le Tarif ou de deux sous, ou de quatre sous pour livre des deux cens livres restans.

OBJECTION XLVI.

Il paroît nécessaire que le Reglement autorise les Intendans à diminuer la perte des Taillables, ou incendiés, ou grêlés, ce Reglement plaira fort aux Taillables par son équité & par la seureté de n'être pas totalement ruinés par de pareils malheurs.

REPONSE.

C'est la suite d'une observation que j'avois faite à la fin de l'ouvrage.

OBJECTION XLVII.

Il y a des baux à forfait de rentes ou autres droits pecuniaires dans les marchés, où il n'y a presque rien à gagner que le sou ou les deux sous pour livre pour la peine de la collecte, seroit-il juste de mettre le Tarif de ces sortes de fermiers à deux sous pour livre du prix de leur bail ?

RE'PONSE.

Il me paroît que ces sortes de fermiers doivent être traités comme les Fermiers Généraux d'une terre, qui est de payer ou le centiéme ou le deux centiéme denier de leur bail.

OBJECTION XLVIII.

Je conviens qu'il faut diviser les Taillables par Classe par raport à la Classe d'industrie ou du travail, & par raport au prix comun de la journée des Taillables des diférentes professions des Taillables; je vous passe que la journée de l'Artisan vaille le double de la journée du Journalier, mais elle ne vaut pas le triple; cependant vous mettés le Tarif du Journalier à quatre livres & le Tarif des Artisans, Menuisier, Maréchal, Serrurier, &c. à douze livres, ce Tarif ne devroit donc être au plus qu'à huit livres, & le Tarif de l'Avocat & des autres Taillables de la premiere Classe au quadruple de la journée du Journalier & au double de la journée de l'Artisan.

RE'PONSE.

Cette objection me paroît bien fondée en proportion, & j'y souscris.

OBJECTION XLIX.

Il paroîtroit convenable pour empêcher les contre-lettres

ſur les baux de dõner la liberté aux Colecteurs de tiercer les baux, qui ſont à trop vil prix, en donant caution.

REPONSE.

Je croi ce préſervatif utile, mais il a ſes dificultés dans l'execution, & je ne le croi pas abſolument néceſſaire dans le comencement de l'établiſſement.

OBJECTION L.

Je ne fais pas ici la comparaiſon des Taillables de même métier, qui gagnent plus l'un que l'autre, à cauſe d'un travail plus long, plus aſſidu & dirigé par une plus grande induſtrie; je fais la comparaiſon entre métier & métier, entre profeſſion & profeſſion; car il y a des métiers où l'Artiſan gagnera comunément ſeize ſous par jour, tandis que dans l'autre l'Artiſan gagnera comunément dix-ſept ſous, dans un autre dix-huit ſous, dans un autre dix-neuf ſous; il en eſt de même des profeſſions de ceux qui compoſent la premiere Claſſe, la journée comune d'un Juge, d'un Avocat, d'un Notaire n'eſt pas d'un prix égal, cependant votre Tarif eſt le même pour toutes.

REPONSE.

1°. A l'égard des profeſſions de la premiere Claſſe il y a peu de Taillables de cette eſpece, ce n'eſt pas la trois centiéme partie; de ſorte que ce qui peut y manquer d'exactitude faute de faire de nouvelles diſtinctions entre ces profeſſions, n'eſt pas un inconvenient conſidérable.

2°. Je ſai bien qu'il y a des métiers où la journée comune de l'Artiſan eſt de treize ſous, d'autres où la journée comune eſt de quatorze ſous, d'autres où elle eſt de quinze ſous, d'autres où elle eſt de ſeize ſous, de dix-ſept ſous, d'autres où elle eſt de dix-huit ſous; mais pour ne pas tomber dans l'inconvenient de trop multiplier les Claſſes & les Tarifs, il a falu faire un pied comun entre treize ſous & dix-huit ſous, & c'eſt ſeize ſous.

Or ſous prétexte qu'il eſt impoſſible de faire autant de Tatifs que de métiers, & autant de Tarifs que de qualités personelles de chaque Artisan, sous prétexte qu'ils ne peuvent empêcher toutes les petites disproportions, faudra-t-il se priver absolument des grands avantages de quelque espece de Regle & de Tarif, qui remedie à toutes les grandes disproportions? En verité ce seroit très-mal raisoner de dire, *on n'a pas le secret de garantir des petits maux, donc il ne faut pas faire usage des préservatifs, qui garantissent des grands maux.*

3°. Je ne dis pas que par l'experience on ne trouve encore à propos de multiplier les Classes d'industrie, mais il faut songer à faire ensorte que *la chose puisse facilement s'executer dans la pratique*, car souvent dans la pratique la peine que l'on sentiroit passeroit l'utilité que cette peine produiroit.

OBJECTION LI.

Vous évités à la verité par votre projet les procès en surtaux entre le Taillable vexé d'un côté & le Colecteur vexant & le Taillable favorisé de l'autre; mais vous ouvrés la porte aux procès entre les Taillables & les Colecteurs, tant sur l'omission ou fausse déclaration que sur la fausse estimation.

REPONSE.

1°. A l'égard des omissions elles seront volontaires, car chaque Taillable sait toutes les parties de son revenu, & s'il en omet quelque partie dans sa déclaration le procès est bien tôt fini & sans frais par la justification du fait; mais quelle aparence qu'il veuille se mettre dans un danger évident de perdre deux cens francs pour éviter de payer vingt sous ou un écu de plus, il n'y aura donc jamais aucune omission, & par conséquent de ce côté-là il n'y aura jamais aucun procès.

2°. A l'égard de l'estimation, il n'y aura presque jamais aucun procès; car premierement du côté du Taillable, qui sera celui qui pour éviter de payer vingt sous ou un écu voudra hazarder la perte d'un procès qui lui coûteroit le quadruple, les frais de l'estimation, & l'amende de deux cens livres, sur tout quand ce Taillable sait que tous les habitans ſavent auſſi-bien que lui la vraie valeur de l'heritage, dont il fait l'eſtimation, on peut croire même que cette crainte à l'égard des trois quarts des Taillables leur fera plûtôt eſtimer cet heritage un dixiéme de plus qu'un dixiéme de moins.

3°. Du côté des Colecteurs le plus grand nombre ſera toûjours pour ne point hazarder de perdre le procès & deux cens livres d'amende, à moins que la fauſſeté de l'eſtimation ne fût évidente; or nous venons de montrer qu'un Taillable à moins qu'il ne fût devenu fou, ne peut jamais tomber volontairement dans une fauſſe eſtimation évidente, qui ſouvent le ruineroit, & qui le couvriroit de confuſion parmi tous les habitans de ſa Paroiſſe, avec qui il eſt forcé de vivre.

4°. On peut donc faire ce raiſonement, *là où l'eſtimation ne ſera point évidemment fauſſe, là les Colecteurs n'intenteront jamais de procès; or par le grand interêt du Taillable l'eſtimation ne ſera preſque jamais évidemment fauſſe: donc il n'y aura preſque jamais de procès*, donc il y aura beaucoup moins de procès en omiſſion ou fauſſe déclaration entre le Taillable & les Colecteurs, qu'il n'y a préſentement de procès en ſurtaux entre Taillable & Taillable, ce qu'il faloit démontrer.

OBJECTION LII.

Nous voyons par l'experience que les nouveaux établiſſemens ne peuvent ni ſe conſerver dans leur perfection primitive, ni faire tous les jours du progrès vers une plus grande perfection, s'il n'y a un certain nombre d'homes habiles qui s'aſſemblent toûjours regulierement, & qui travaillent aſſidument dans leurs aſſemblées à remedier aux inconveniens imprévûs, à lever les nouveaux obſtacles qui ſe préſentent, & à profiter des bons memoires & des bons avis que l'on peut leur adreſſer.

C'eſt en ſuivant cette maxime, qu'il ſemble indiſpenſable d'établir un Bureau perpétuel, qui s'aſſemble chés l'Intendant des Finances, chargé de la Taille, & compoſé des homes les plus habiles dans la matiere, les plus laborieux, & les plus zélés pour le bien public, & même les plus intereſſés au ſuccès & au perfectionement de l'établiſſement; voilà pourquoi il eſt néceſſaire d'y faire entrer pluſieurs Receveurs

Généraux des Finances, & que ceux qui se distinguent par leur travail soient distingués aussi en récompenses ou honorables ou utiles selon l'état de leur fortune.

REPONSE.

Cette remarque me paroît bien fondée, & j'ai observé ailleurs que si notre Droit François ne se perfectione pas pour ainsi dire journellement, c'est qu'il nous manque un Bureau perpétuel de gens habiles qui travaillent journellement à le perfectioner, en profitant des experiences & des observations des Avocats fameux & de ceux qui exercent la Magistrature avec distinction.

OBJECTION LIII.

Il y a d'excellens Reglemens même pour diriger la répartition des Colecteurs, & pour la rendre proportionelle aux revenus ou gains anuels des Taillables; ces Reglemens sont sufisans, il n'y a qu'à les faire executer.

REPONSE.

1°. Une preuve sensible que ces Reglemens ne sont ni bons ni sufisans; ce sont les grands inconveniens qui en dérivent & que tout le monde conoît.

2°. Il est vrai que par ces Reglemens il est récomandé aux Colecteurs de faire les Taxes des Taillables uniformes & proportionées aux facultés; mais le Reglement n'a posé aucun point fixe, aucune regle pour ariver à cètte proportion & à cètte uniformité; ainsi autant de Paroisses & de Colecteurs, autant de regles; ces Colecteurs peuvent impunément demander à deux fermiers, qui ont un bail de même prix de mille livres; & un pareil revenu de soixante livres, à l'un non protegé trois cens livres, & à l'autre protegé seulement cinquante livres, & tout le reste à proportion; & voilà la source des restes, des frais exhorbitans, de la desertion des Paroisses, de la ruine ou comencée ou achevée d'une infinité de familles, & la premiere source du grand nombre de mandians, qui viénent en foule se jeter dans les grandes Villes; telle est la source d'un grand nombre d'autres grands inconveniens.

3°. Donés des regles aux Colecteurs, assujettissés-les à les suivre sous une punition sufisante, tout se remettra dans l'ordre: tous les Taillables sentiront les éfets journaliers de la protection toute puissante d'une Loi sage & sufisante; mais n'atendés rien de bon des homes sans Loix, & n'atendés rien de bon des Loix même, s'il n'y a & des peines sufisantes & inévitables contre les contrevenans, & d'autres homes sufisament interessés à faire subir la punition aux coupables; les Loix ne sont pas bones, si elles ne s'observent pour ainsi dire d'elles-mêmes; feu M. Colbert a beaucoup fait pour l'arangement des finances, en les tirant de la grande confusion & du grand desordre où elles étoient; mais nous voyons par la même experience, qu'il n'a pas porté les choses à leur derniere perfection, il est de la nature des ouvrages humains, qu'il y ait toûjours à perfectioner.

OBJECTION LIV.

Pour remedier aux grands inconveniens des taxes excessives, il sufit que le Conseil ordone aux Intendans d'examiner quelles Paroisses sont trop chargées.

REPONSE.

1°. Il sembleroit à entendre celui qui fait l'objection que les Intendans n'auroient point encore reçu du Conseil un pareil ordre; mais ils le recevront en vain, s'ils ne peuvent comparer les revenus de toutes les Paroisses, & coment conoître le revenu de ces Paroisses, s'ils ne conoissent les revenus de toutes les familles taillables, qui composent cète Paroisse? Et coment conoître le revenu de chaque famille sans une déclaration en détail de ce revenu? Or qui peut la doner plus juste que chaque Taillable? Et qui a plus de conoissance que lui de son propre revenu?

2°. Mais qui l'obligera à la doner, me dira-t-on? Ce sera son interêt, c'est-à-dire l'interêt qu'il a que les Colecteurs ne

le

le croyent pas plus riche qu'il n'est en éfet ; & que sur cette opinion ils ne le taxent à une somme plus forte qu'il ne doit porter.

3°. Mais qui l'obligera à la doner juste, me dira-t-on ? Ce sera encore son interêt ; car il a interêt de ne pas payer le quadruple de ce qu'il omètroit dans sa déclaration, & 200. liv. d'amende pour fausse déclaration, ou pour fausse estimation.

4°. Mais ne poura-t-il point doner une déclaration fausse, soit par quelque omission, soit par une estimation trop foible des tèrres dont il joüit par ses mains, & cependant éviter la punition ? non certainement. Premierement parce que tous les habitans de sa Paroisse sont interessés à ne pas porter le fardeau qu'il doit porter ; secondement, parce qu'ils conoissent la valeur de son bien comme lui-même ; troisiémement, parce qu'il leur doit revenir une partie de l'amende, & le quadruple à leur décharge.

5°. Il n'y a point de conoissance sufisante à esperer sans déclaration juste ; or il est impossible aux Intendans d'avoir jamais ni toutes les déclarations, ni toutes les déclarations justes sans cet expedient ; or telle doit être une bone Loi qui pourvoit elle-même sufisamment à son execution : c'est une preuve que la Loi est défectueuse quand elle ne s'execute pas.

OBJECTION LV.

Par les Edits de 1685. & de 1690. les Elûs ont pouvoir de juger en dernier ressort les causes en surtaux, dont le capital ne passe pas la valeur de cinquante livres, mais comme en ce tems-là deux marcs d'argent d'onze deniers de fin valoient cinquante-six livres, il paroît raisonable de fixer cètte some à la valeur de deux marcs d'argent d'onze deniers de fin, qui valent présentement environ cent quarante livres.

REPONSE.

J'ai fait à peu près la même remarque dans un autre ouvrage à l'ocasion des 250. liv. fixation des Présidiaux, & je croi qu'il est à propos de diminuer par cètte métode la longueur & les frais des petits procès des Taillables.

OBJECTION LVI.

Pour empêcher les Colecteurs de faire des impositions excessives & ruineuses sur un Taillable, il n'y a qu'à le condaner par corps à restitution de l'excès de la Taxe à l'amende & aux frais; faites ensorte qu'il ne trouve point de protection, & de pareils exemples dans chaque Election sufiront pour contenir les Colecteurs dans l'observation de la Justice.

REPONSE.

1°. Les Colecteurs n'ont pour Loi que leur conscience & leur propre estimation, ils n'ont aucun point fixe, auquel ils soient obligés de s'assujettir; ainsi pour former contre Paul une Taxe de deux cens livres, ils n'ont qu'à dire qu'ils l'ont cru riche de mille livres de rente, quoiqu'en éfet il n'ait que deux cens livres de rente.

2°. Le Conseil n'a point encore doné de Reglement, par lequel les Colecteurs sachent la Taxe qu'ils doivent demander à Paul, & Paul lui-même n'a aucune regle, sur laquelle il puisse savoir ce qu'il doit, ou ce qu'il ne doit pas, & par conséquent les Juges n'ont aucune loi, qu'ils soient sur ce point-là obligés de suivre contre les Colecteurs injustes.

3°. Le Conseil n'agiroit pas prudemment d'ordoner des peines contre les Colecteurs, tandis qu'on ne leur done aucune loi, aucune regle, aucun point fixe à suivre; car ils n'en ont ni pour l'industrie ni pour le comerce, ni pour les rentes, ni pour les fermages, ni pour les terres dont Paul est proprietaire, & dont il joüit par ses mains, ni pour la maison qu'il tient à ferme, ni pour le moulin dont il est proprietaire; ils n'en ont pour aucune sorte de revenu du Taillable, ils ne savent s'il faut lui demander la moitié, le tiers, le quart, le sixiéme de tous ces diférens revenus; sur quoi donc condaner les Colecteurs pour l'inobservation de la Loi, tant qu'il n'y a point de Loi? Et quand il y auroit des points fixes & des Tarifs sur toutes ces sortes de revenus, s'il n'y a pas de la part de Paul une déclaration certifiée juste qui les empêchera de dire avec un fondement sufisant qu'ils le croyoient plus riche de la moitié en revenu ? Ainsi sur quoi fonderiés-vous votre condanation d'une grosse amende contre les Colecteurs qui ont toûjours à dire : *c'est à nous à faire les deniers du Roi de la Taille de cète anée : nous en répondons, si nous nous trompons, & que nous ne puissions pas récouvrer la Taxe que nous faisons pour cète anée, c'est à notre perte seule : nous n'en devons compte à persone*, & telle est jusqu'ici la couverture ou le prétexte de toutes leurs injustices les plus criantes, ils ne seront point Colecteurs l'anée suivante, ils ne ménagent persone, & satisfont leur haine, leur vangeance, & leurs autres passions ; & c'est ainsi qu'au lieu de se secourir, les habitans se ruinent tour à tour les uns les autres par diférentes répresailles.

OBJECTION LVII.

Un bon Receveur des Tailles peut sufire seul dans une Election pour favoriser la répartition proportionelle entre les Paroisses de son Election, & même entre les familles de chaque Paroisse.

RÉPONSE.

1°. Il faudroit un Receveur des Tailles qui eût eu le loisir de faire durant neuf ou dix ans, les informations nécessaires, il faudroit qu'il fût sans partialité, fort laborieux, & même fort pénétrant, pour ne se pas laisser trop facilement tromper par les discours des Peïsans, il faudroit qu'il n'eût aucun interêt que pour la verité & pour l'équité, & nul interêt à faire des frais aux Colecteurs ; or de trente vous en trouverés à peine un seul qui ait ces qualités ; il ne faut donc pas compter sur cet expedient, parce qu'il est trop rare.

2°. Quand il auroit toutes ces qualités il ne peut jamais savoir précisément la valeur anuelle de chaque Paroisse, sans savoir le revenu anuel des habitans qui la composent ; il est donc dans la nécessité d'en avoir les déclarations en détail, & de les avoir justes ; or coment peut-il les avoir telles & sans frais, s'il n'est secouru de l'autorité du Conseil, c'est-à-dire, s'il ne se sert des moyens proposés dans le Projet de Taille Tarifée; & quand il auroit la conoissance sufisante, que lui servira t-elle? si les Colecteurs peuvent repartir *impunément* la Taille avec injustice & disproportion, donc un bon Receveur ne sufit pas pour garantir les Taillables des disproportions excessives.

OBJECTION LVIII.

Ne seroit-il point à propos d'ajoûter à l'article des contre-lettres, *que les contre-lettres ou quittances que le Marchand Taillable prendroit de quelques-uns contre ses obligations ou promesses, & pour passer pour être débiteur de plus grandes somes qu'il n'est en éfet, afin de pouvoir frauder sa Paroisse, & ses autres créanciers, seront déclarées nulles, & que celui qui prêtera son nom pour exercer pareille fraude, sera condané en cinq cens livres d'amende.*

REPONSE.

On trouvera par la suite plusieurs articles qu'il sera bon d'ajoûter au Reglement; mais je ne sai si pour l'établissement il est nécessaire de rien statuer quant à présent sur cet article.

OBJECTION LIX.

On suit pour les Généralités, pour les Elections & pour les Paroisses, l'estimation faite sous le ministere du Cardinal de Richelieu il y a plus de quatre-vingt ans, les augmentations faites à la Taille ont presque toûjours été reparties avec proportion & au sou la livre de cète premiere estimation; or supose qu'une Election soit à deux sous la livre pour les Baux & l'Election voisine à quatre sous; si par votre établissement elles se trouvoient à trois sous, il ariveroit que le Gentilhome de l'Election vexée y gagneroit, donc de ce côté-là votre établissement ne produiroit pas l'observation de la Justice.

R E' P O N S E.

J'en tire une conclusion toute contraire: un de ces proprietaires étoit favorisé & vexant, l'autre étoit vexé en la persone de son fermier; or qu'y a-t-il de plus juste que de les traiter avec égalité? Le vexant doit-il se plaindre? Et parce qu'il a eu le bonheur lui & ses ancêtres d'avoir joüi quatre-vingt ans du benefice de la vexation, est-il en droit de se plaindre qu'une Loi équitable fasse enfin cesser cète même vexation au benefice du proprietaire, qui a été si long-tems vexé?

O B J E C T I O N L X.

Par vos déclarations & par vos Tarifs vous visés non seulement à une proportion personelle entre Taillable & Taillable de la même Paroisse; mais vous tendés encore à établir une nouvelle proportion entre Généralité & Généralité; c'est-là une espece de réfonte générale des impositions, ce qui est un furieux objet & d'une trop vaste étenduë.

R E' P O N S E.

Cet objet n'est point d'une trop vaste étenduë, puisque l'operation pour conoître les revenus des Généralités n'est que la même operation pour conoître les revenus des familles de chaque Paroisse, Tarif uniforme & déclaration du Taillable; par cette même operation le Receveur saura avec certitude toutes les Paroisses de son Election qu'il faut augmenter, toutes celles qu'il faut diminuer, & de combien; l'Intendant en prenant pour fondement la même operation, saura avec certitude les Elections qu'il faudra augmenter l'anée suivante, & celle qu'il faudra diminuer, & de combien; le Ministre des Finances saura avec la même certitude en prenant pour fondement la même operation, quelles Généralités sont à augmenter, & qui sont celles qu'il faut diminuer & de combien; or qu'y a-t-il en cela qui soit d'une trop vaste étenduë?

OBJECTION LXI.

Pour contenir davantage ceux qui voudroient ou frauder la Paroiſſe, ou moleſter les Taillables, ne ſeroit-il pas bon d'ajoûter que l'amende de fauſſe déclaration & de fauſſe accuſation ſera ordonée *par corps* ?

REPONSE.

La remarque me paroît juſte.

OBJECTION LXII.

Vous avés propoſé de diminuer les privileges de ceux qui ſont exemts de Taille, & le nombre des privileges & des privilegiés; mais vous avés un expedient bien plus aiſé pour ſupléer à ces diminutions, que vous voudriés faire aux privileges, ſans faire crier ni ceux qui les vendent, ni ceux qui les ont achetés; c'eſt d'augmenter de ſorte la Capitation des privilegiés, que leur Taxe ſoit à la verité moindre que la Taxe d'un Taillable de pareil revenu, mais ſeulement d'un cinquiéme, ou de telle autre partie; en ſorte que ſi comme Taillable il eût payé deux cens cinquante livres de Taille, il paye de Capitation deux cens livres; ainſi ſon privilege lui operera une diminution raiſonable dans ſa part du ſubſide de la Taille, en l'exemptant de cinquante livres, mais il ne lui produira pas une diminution exceſſive au préjudice des autres ſujets.

REPONSE.

Cet expedient eſt praticable, mais ſeulement en cas que la Cour dans chaque Election taxe les exemts en *Corps* ou en *Comunauté* pour leur Capitation; car en ce cas tous les membres de ce Corps, de cète Comunauté auront interêt que les déclarations des exemts Capitables ſoient juſtes, j'en parle ailleurs dans un mémoire ſéparé.

OBJECTION LXIII.

Ce qui ſeroit fort utile & aux Juges & aux Taillables, ce ſeroit un Code ſur la Taille.

RÉPONSE.

1°. Avant que de ſonger à ramaſſer & à compiler en un corps de Loix les diverſes Ordonances ſur la Taille, il faut faire le Reglement le plus important, qui regarde l'obſervation de la proportion dans la répartition de ce ſubſide ſur les Généralités, ſur les Elections, ſur les Paroiſſes, ſur les familles Taillables; or pour ariver aux Généralités avec ſeureté, n'eſt-il pas abſolument néceſſaire de comencer par les familles qui compoſent les Paroiſſes, & puis par les Paroiſſes qui compoſent les Elections.

2°. Pour bien faire un Code ſoit ſur la Taille, ſoit ſur les autres ſubſides, & pour le perfectioner perpétuellement ſur les remontrances des Intendans & des autres Oficiers, il faut un Bureau perpétuel & général à Paris; c'eſt ce que je propoſe, & c'eſt par le ſeul moyen de ſemblables Bureaux perpétuels, où tout eſt contredit, où tout eſt examiné & peſé avec exactitude, où chacun peut facilement profiter des lumieres & des contradictions des autres, où les nouveaux membres peuvent facilement s'aproprier inſenſiblement les bones maximes des Anciens; c'eſt uniquement par le ſecours de ces Compagnies perpétuelles que l'on peut eſperer de purger continuellement les Reglemens & les établiſſemens, ſoit anciens ſoit nouveaux, des défauts qui peuvent y être reſtés & des abus qui peuvent s'y introduire perpétuellement, & porter ainſi ſans ceſſe ces Reglemens & ces établiſſemens vers une plus grande perfection.

OBJECTION LXIV.

De tous les Projets pour lever la Taille avec proportion il n'y en a qu'un de ſolide & de durable, c'eſt le Projet de Cadaſtre des terres, pourvû qu'il y ait des Cartes de chaque Paroiſſe, où les fonds de même nature ſoient décrits, bornés & eſtimés arpent par arpent, & par de juſtes Eſtimateurs.

Il en faut revenir à ſuivre dans toutes les Généralités un Cadaſtre à peu près ſemblable à celui qu'a renouvellé en Daufiné feu M. Bouchu, Conſeiller d'Etat, Intendant, des plus habiles, & tel que celui qui a été comencé & abandoné mal à propos dans la Généralité de Paris vers l'an 1716.

RÉPONSE.

1°. Il eſt bien certain que pour répartir un impôt général & anuel de ſoixante milions avec une proportion aſſurée ſur toutes les Généralités, il faut que le premier Répartiteur ait une conoiſſance ſeure du plus ou du moins du revenu de tous les impoſables de ces Généralités & de toutes les eſpeces de ces revenus; car ſans la conoiſſance ſufiſante de tous ces diférens revenus anuels de toutes les parties, qui compoſent les Paroiſſes, les Elections, les Généralités; coment comparer ces diférens tous entre eux, ces Généralités entre elles, ſi l'on cherche tant ſoit peu de ſeureté dans cète comparaiſon?

Sans cète conoiſſance ſeure du revenu anuel des Impoſables, nulle ſeureté de mettre dans la répartition du ſubſide anuel une proportion ſufiſante; or cète conoiſſance ſeure peut-elle jamais venir que d'une eſtimation exacte de ce revenu; ainſi je conviens qu'il faut une eſtimation exacte du revenu des familles impoſables de chaque Généralité.

Sur quoi il faut remarquer qu'il y a trois ſortes de revenus; le premier eſt le revenu des terres, maiſons, moulins & rentes aſſignées ſur ces ſortes d'imeubles.

Le ſecond, eſt le revenu anuel que chaque Taillable tire de ſon induſtrie & de ſon travail journalier.

Le troiſiéme eſt le revenu que chaque Taillable tire de cète même induſtrie, & de ce même travail, aidé par l'argent ou par des marchandiſes miſes en comerce.

Ces deux derniers genres de revenus ſont juſqu'ici reſtés à la diſcretion des Colecteurs, ou derniers Répartiteurs; il n'y a nule regle, nul point fixe, mais par le nouveau Projet de Taille Tarifée, il y a des points fixes déterminés par les Tarifs;

Tarifs ; ce qui est une diférence de la derniere importance.

J'ai déja fait la comparaison du Projet de Taille Cadastrée avec le Projet de Taille Tarifée dans les Réponses à l'Objection XIV. du Projet, il ne me reste plus qu'à ajoûter une observation dans ce Suplément ; c'est que les meilleures terres, les pâturages les plus gras, les terres même chargées du plus beau & du meilleur bois, en quelques quantité qu'elles soient, ne raportent aucun revenu là où il n'y a point d'habitans, & là où les frais du transport passent le prix de la chose transportable.

Mon frere a dans sa nouvelle concession les Isles de la Madeleine, l'Isle de Miscou, & sur tout l'Isle de saint Jean, qui est par les 47. ou 48. degrés vers l'embouchure de la riviere de saint Laurens ; cette isle a plus de trente lieuës de long, sur dix de large, c'est 300 lieuës quarées, la lieuë quarée contient plus de 5000 arpens ; c'est quinze cens mille arpens ; si l'on vouloit estimer ces quinze cens mille arpens en bois & en pâturages, ces terres labourables bones & mauvaises, comme les quinze cens mille arpens les plus proches de Paris, cela ocuperoit un peu moins que neuf lieuës du centre de Paris à la circonference, en suposant le revenu de l'arpent à une once d'argent de revenu, ce seroit quinze cens mille onces d'argent de revenu ; les terres de l'Isle saint Jean ne sont pas moins fertiles, que les terres qui environent Paris ; il y a des ruisseaux, des rivieres, des prairies & des pâturages admirables & sans nombre, il y a des forêts d'une grandeur étonante, garnies des plus hauts & des plus gros arbres du monde, & du meilleur usage ; cependant ces fonds merveilleux, & en si grand nombre, hors peut-être quatre-vingt arpens cultivés par un petit nombre d'habitans, ne raportent aucun revenu, ni au Comte de saint Pierre ni à sa Compagnie.

Il résulte de ce fait que les terres produisent un revenu plus grand.

1°. A proportion qu'elles ont d'habitans ou qu'elles sont voisines d'un grand nombre d'habitans.

2°. A proportion que ces terres sont bien cultivées.

3°. A proportion qu'elles sont cultivées par des habitans plus industrieux.

4°. A proportion qu'elles ſont fertiles.

5°. A proportion qu'elles ſont faciles à cultiver à peu de frais.

6°. A proportion que les fruits qu'elles produiſent, ſont précieux & conſomés par plus d'habitans qui les demandent & qui en ont beſoin.

7°. A proportion de la facilité du chemin & des voitures néceſſaires à la conſomation.

8°. A proportion du nombre de beſtiaux, qui ſervent à cultiver les terres, à nourir les habitans & à conſomer utilement les herbes des pâturages.

9°. A proportion de l'induſtrie & de la vivacité des habitans dans le comerce.

10°. A proportion de la quantité de monoye qui ſert à faciliter le comerce.

11°. A proportion de la nature des Loix qui encouragent les habitans au comerce, & qui le leur rendent facile.

12°. A proportion de la tranquilité interieure & exterieure des habitans, à proportion qu'ils ne craignent rien des guerres civiles & étrangeres; car qui eſt le Laboureur, qui laboure & qui sème quand il craint un moiſſoneur enemi?

13°. La valeur des terres eſt encore dépendante des ſaiſons, des gêlées extraordinaires après des chaleurs extraordinaires, des grêles, des inondations, &c.

14°. Si un grand nombre de nouveaux habitans, comme une armée de cinquante mille homes, qui mene à ſa ſuite cinquante mille autres homes, vient près de cette terre, les fruits de la terre deviennent plus chers là où ils ſont plus demandés.

15°. Il y a des proprietaires mineurs, d'autres peu laborieux & peu induſtrieux: il y en a d'habiles & laborieux.

16°. Il y a des proprietaires riches & en état de faire la dépenſe néceſſaire pour tirer plus de revenu de leurs heritages & d'autres qui ſont pauvres & ſans aiſance.

17°. Il y a des terres qui par elles-mêmes ſont ſabloneuſes & peu fertiles, qui ont l'avantage d'être plantées en vignes précieuſes, qui avec un mediocre travail raportent un vin cher & précieux.

18°. Les fruits de ces terres en vignes feront tantôt plus, tantôt moins précieux, à mesure que les étrangers en enleveront; il peut ariver aussi que les guères & la cessation de comerce avec les étrangers en diminuent beaucoup la vente.

19°. Il y a des terres qui peuvent facilement & à petits frais, être engraissées par des herbes marines & par le sable de la mer, comme dans mon peïs, d'autres par la sorte de chaux qu'on tire de la terre, & qu'on apèle *marne* & qui cesse quelquefois.

20°. Il se fera un canal de transport d'une riviere à une autre, qui facilitant & épargnant des voitures rendra les fruits des terres voisines du canal plus comerçable.

21°. Les habitans d'un canton de peïs deserteront par l'éfet des mauvaises loix, & passeront dans le peïs voisin protegé par un meilleur gouvernement, ils y aporteront leurs bras, leur industrie & leur consomation.

Que conclure autre chose de ces diverses observations, sinon que le revenu des terres, même de semblable nature & de semblable étenduë, est très-diférent, très-variable, très-casuel & d'une diférence presque infinie, & sur tout selon les anées.

Or d'un coté vous avés pour principe de proportion, qu'il est à propos de lever le subside anuel sur le revenu anuel des terres; il faut donc absolument par le secours des déclarations anueles des habitans & des Tarifs perpétuels, conoître ou l'augmentation ou la diminution anuelle de revenu de ces terres, pour suivre anuellement la proportion; or imaginer que l'on peut faire des Cadastres qui produisent du stable & de l'imuable dans le revenu des terres, & par conséquent dans l'estimation de cète espece de revenu des Taillables, n'est-ce pas une chimere? n'est-ce pas une erreur grossiere, qui doit jeter nécessairement les familles, les Paroisses, les Elections, les Généralités dans des disproportions excessives, & par conséquent dans tous les inconveniens de ces disproportions ruineuses.

Il faut donc un plan qui ait l'avantage de suivre anuellement les homes & leurs terres dans les changemens anuels, qui leur arivent & cet avantage vient naturellement d'un coté par des Tarifs uniformes, & de l'autre par des déclarations anueles & justes des imposables pour parvenir à une répartition anuele de l'impôt qui soit proportionée.

Il y a beaucoup d'autres inconveniens dans la Taille Cadastrée, qui sont examinés & démontrés dans les Réponses à l'Objection XIV. du Projet.

OBJECTION LXV.

Je conviens qu'il est de la prudence du Conseil de faire l'essai de ce projet au moins dans deux Elections de deux Généralités diférentes, on en tireroit de nouvelles conoissances tant pour diminuer les obstacles que pour augmenter les facilités de l'établissement; ainsi on jugeroit avec plus de seureté des choses qu'il sera à propos d'ajoûter ou de changer aux articles du Reglement; je conviens même que ces essais rendront dans ces Elections le recouvrement plus promt & plus facile, & que l'experience de l'essai répondra sans replique à toutes les objections frivoles de ceux qui contredisent sans autre fondement que des inconveniens chimeriques; mais d'un côté si pour ces essais, vous voulés vous servir d'autres persones que des Intendans l'établissement sera traversé sous main, & sera même coûteux, & de l'autre, où trouver des Intendans qui se chargent volontiers de faire l'essai d'un établissement qui dans le fonds seroit très avantageux au public, mais dont ils n'auront pas l'honeur de l'invention.

RE'PONSE.

1°. Je conviens que pour cet essai il est nécessaire que le Ministre trouve au moins un Intendant qui se charge volontiers de faire cet essai dans une de ses Elections; mais si la chose réüssit, ne sera-ce pas un assés grand honeur pour lui d'être le premier qui done le branle à un établissement si utile & qui propose les principales vûës pour perfectioner le Projet du Reglement?

2°. La Cour ne peut-elle pas encore l'encourager par d'autres especes de récompenses? Je sai bien qu'il perdra la sorte d'autorité qu'il avoit dans les répartitions, tant sur les Paroisses que sur les familles, & que cette autorité résidera deformais dans la loi des Tarifs & des déclarations volontaires, mais de deux choses l'une; ou il veut répartir avec justice & proportion, ou bien il veut abuser de son autorité pour répartir avec injustice & disproportion en faveur des Paroisses & des familles protegées aux dépens des Paroisses & des familles non protegées, & alors n'est-il pas juste qu'on l'empêche d'abuser de l'autorité, que le Conseil lui avoit confiée; mais à dire la verité de trente Intendans on en trouveroit à peine un seul, qui voulût par complaisance ou autre motif abuser de son autorité pour faire une injustice, de sorte que s'il ne veut employer son autorité que pour répartir avec justice, il ne perd rien en perdant cette autorité, puisque la Loi fait elle-même avec seureté ce qu'il ne pouroit faire qu'avec un travail infini; il y gagne même réellement en ce qu'il ne poura plus se faire d'enemis puissans & dangereux en faisant observer la Justice: donc il sera très-facile au Ministre de trouver des Intendans habiles, qui se chargeront volontiers de faire cet essai dans leur Intendance.

OBJECTION LXVI.

Les trois Experts seront les Juges Souverains des procès qui seront intentés par les Colecteurs contre le proprietaire taillable qui joüit de sa terre, lorsqu'il sera acusé de fausse estimation; or ces trois Experts seront des Laboureurs taillables, qui font eux-mêmes valoir leur propres terres, & qui sont ainsi interessés à juger favorablement l'estimation du proprietaire, & d'ailleurs vous n'avés doné par votre Projet de Reglement, aucune regle pour les Experts.

REPONSE.

1°. *Je supose que le Reglement ordone que les Experts seront tenus d'estimer le fonds en question par argent ou autre mesure locale sur le même pied que pareil fonds est afermé comunément dans la Paroisse des contestans ou dans les Paroisses voisines.*

2°. Il est vrai que les Experts seront portés par leur propre interêt à favoriser l'estimation du proprietaire; mais cète faveur ne peut gueres aler qu'à une petite partie peu remarquable, comme d'un dixiéme; car ils ne veulent pas se deshonorer; or ce n'est pas un objet qui merite consideration pour l'Etat qu'un dixiéme; car 1°. suposons qu'un Taillable joüisse par ses mains d'un heritage qu'il pouroit afermer quatre cens quarante livres, & qu'il ne le déclare que pour quatre cens livres, ce cas est fort rare, car dans une Election de cent Paroisses & de dix mille Taillables, il y aura à peine trente Taillables qui ayent en fonds quatre cens quarante livres de revenu; mais quand il y en auroit un par Paroisse, ou que tous les Paroissiens d'une Paroisse possèdent ensemble pour quatre cens quarante livres de revenu en fonds; tout ce que l'on peut dire de cet inconvenient, c'est que ce proprietaire, que ces proprietaires, ou si vous voulés ces Experts feront tort aux autres Paroisses qui ne sont point proprietaires, & que ce tort sera au plus d'environ quatre sous pour livre de quarante francs, c'est-à-dire, de huit livres, qui seront payés sur le total des Paroissiens, c'est-à-dire, tant par les proprietaires que par les non proprietaires au sou la livre de leur imposition, ce qui n'opere jamais une disproportion ruineuse pour aucun Taillable, qui est la seule disproportion qu'il s'agit de faire cesser.

3°. On convient que les Experts ne favoriseront jamais le proprietaire acusé au point d'estimer son heritage le quart moins qu'il ne seroit afermé, & qu'ils n'estimeront jamais à trois cens livres, ce qui seroit afermé comunément à quatre cens livres; mais quand cela seroit il n'y auroit pas encore de disproportion ruineuse à craindre pour aucun habitant, puisque quand le tort seroit de vingt livres, ce tort ne sera jamais ruineux pour aucun des habitans, lorsqu'il sera réparti au sou la livre sur le total des habitans.

4°. Si les Colecteurs suposent les Experts favorables au proprietaire, ils ne l'acuseront jamais sans une lezion énorme & visible, & de son coté le proprietaire n'osera jamais doner une estimation si évidemment fausse qu'il fist aux autres Paroissiens une lézion énorme, par exemple, du quart dans son estimation; donc les procès en fausse estimation seront fort rares, ce qui n'est pas un mediocre avantage dans ce systême.

5°. Il est avantageux pour l'Etat que les proprietaires Taillables cultivent eux-mêmes leur propre fonds, parce qu'ils y font dans la culture plus de dépense, ils y aportent même souvent plus de soin & de travail que les fermiers, & les terres en produisent beaucoup davantage, elles sont mieux clauses & mieux plantées; ainsi il est raisonable de ne les pas découvrager de cète culture, & il est même utile à l'Etat pour les y encourager, qu'ils y trouvent plus leur interêt à cultiver qu'à afermer.

Il en faut toûjours revenir au but principal du Conseil, qui n'est pas de trouver les moyens de préserver les Taillables des très-petites disproportions dans la répartition du subside de la Taille ce qui seroit absolument impossible, mais de préserver chaque famille des disproportions excessives & ruineuses.

OBJECTION LXVII.

Il est certain que depuis quarante ans les Comis des fermes du Roi se sont fort multipliés dans les Elections, & que ces Emplois sont fort recherchés des Taillables riches pour s'exempter de la Taille.

Il est vrai qu'il est avantageux aux fermes & aux Fermiers de trouver sur les lieux à bon marché des Comis riches & responsables; mais il n'est pas moins vrai que ces exemptions font un grand tort au Roi dans la perception de la Taille, qui est le principal & le plus solide revenu de l'Etat, puisque par ce moyen les Paroisses sont privées d'un grand secours, soit dans l'imposition, soit dans la colecte de la Taille; c'est un abus très préjudiciable & au Roi & aux Taillables.

RE'PONSE.

1°. Je conviens en général qu'il seroit très utile à l'Etat d'ôter tous les privileges qui exemtent les Taillables de la Taille, en dédomageant ceux qui les donent & ceux qui les ont achetés, mais il n'y faut pas songer tant qu'elle sera arbitraire, & tant que la répartition ne sera point dirigée par des regles fixes, telles que sont les déclarations & les Tarifs.

2°. La grande raiſon qui a obligé les Fermiers généraux à demander que leur Comis Taillable ſoit exemt, & tiré de la juriſdiction des Colecteurs, c'eſt que ceux-ci ont eu juſqu'ici le pouvoir de le taxer exceſſivement par raport à ſon revenu; or par l'établiſſement de la Taille Tarifée il ne poura plus être excedé dans ſa Taxe, & à l'égard de la colecte, comme le Reglement donera aux Colecteurs un ſou ſix deniers, & que le recouvrement ſera d'autant plus facile que la répartition ſera proportionée, la colecte ne ſera plus regardée par la plûpart des Taillables comme une charge, elle ſera même regardée par quelques uns comme un avantage.

3°. En attendant que la Taille Tarifée ſoit établie le Conſeil peut ordoner, *que le Comis Taillable ſera taxé d'ofice ſur le pied de trois ſous pour livre de ſon revenu en maiſons, terres, rentes viageres ou perpétuelles, & que la Taxe hauſſera & baiſſera au ſou la livre, comme la Taxe de la Paroiſſe hauſſera & baiſſera, & qu'on ne pourra point le taxer ſous prétexte d'induſtrie ou de comerce, pourvû que ſur le comerce il obſerve les Reglemens, & qu'à cète fin il fera enregiſtrer la déclaration de ſon revenu en détail au Grefe de l'Election, & la fera ſignifier tous les ans aux Colecteurs en exercice, & que cète déclaration contiendra une juſte eſtimation des terres dont il joüit par ſes mains, & n'ometra aucun revenu de lui ou de ſa femme, à peine, en cas de fauſſe déclaration de payer le quadruple de l'omiſſion, & de deux cens livres d'amende le tiers au profit de la Paroiſſe & les deux tiers au profit des Colecteurs pourſuivans.*

4°. Avec ce Reglement proviſionel le Conſeil continue d'un côté l'exemtion aux Comis des fermes, & de l'autre cète exemtion n'eſt pas entiere, & par conſéquent n'eſt pas tant à charge aux Paroiſſes Taillables; car je ſupoſe qu'en payant trois ſous pour livre de ſon revenu, & rien pour ſon induſtrie, on l'exemte de plus d'un quart de la Taxe, à laquelle il ſeroit impoſé, s'il n'étoit pas Comis, mais après l'établiſſement de la Taille Tarifée, le Roi poura ſuprimer l'exemption des Comis ſans faire tort à ſes fermes & ameliorer ainſi de plus de cent mille écus par an le ſubſide de la Taille.

5°. Il eſt certain que le grand motif qui pouſſe les Taillables à courir aux privileges, c'eſt pour éviter la ruïne de leur

leur fortune par des Taxes excessivement disproportionées & par des colectes ruineuses ; or il est evident que dès qu'ils ne craindront plus de pareilles Taxes ni de pareilles colectes ils n'acheteront presque plus de privileges ; ainsi la Taille Tarifée est une maniere simple de diminuer considérablement les abus de ces privileges.

OBJECTION LXVIII.

Entre les Journaliers d'une même Paroisse il y a diférence de force, diférence d'industrie, diférence d'ardeur pour le travail, diférence d'âge ; il y a même des Journaliers qui sont toûjours employés, & d'autres qui ne le sont pas tous les jours, quelquefois parce que l'ouvrage manque dans les Paroisses, & quelquefois parce qu'ils veulent être payés au même prix que ceux dont le travail est meilleur ; il y a même des Journaliers qui sont plus sujets à des maladies que les autres ; de-là on peut conclure qu'il n'est pas possible de fixer *le prix comun* de la journée du Journalier même dans une Paroisse ; de sorte que la même Taxe anuelle d'industrie soit entierement proportionée au revenu anuel, que le travail aporte à chaque Journalier de cète Paroisse, sa subsistance & celle de sa famille prélevée.

Mais quand vous auriés trouvé un prix comun de la journée du Journalier de cète Paroisse qui seroit, par exemple, de sept sous, & que vous auriés fixé le prix comun de la journée de l'Election à huit sous, il reste encore une cause d'une grande disproportion entre la Taxe d'industrie d'un Journalier d'une Paroisse voisine de la Ville de l'Election où il y a plus d'habitans, d'argent & de comerce, & qui est à dix sous journée comune, & la Taxe d'industrie d'un Journalier d'une Paroisse de la même Election, qui sera éloignée de quatre lieuës de toute ville, & qui sera à sept sous ; car enfin de ces deux Journaliers, l'un payera le subside sur le pied de huit sous, tandis qu'il devroit le payer sur le pied de dix sous, qu'il gagne tous les jours, & peut-être plus, & l'autre le payera sur le pied de huit sous, quoiqu'il ne gagne réellement que sept sous par jour & peut-être moins.

REPONSE.

1°. Il est certain qu'entre les journées des Journaliers d'une même Paroisse il y a souvent un sou de diférence de prix, & que par conséquent il semble que la Taxe d'industrie devroit suivre ces diférens prix & non pas *un prix comun* mitoyen entre le plus bas prix & le plus haut; mais il faut considerer que la plûpart de ces diférences forment elles-mêmes des compensations d'égalité, ou entre Journalier & Journalier, ou entre famille & famille de Journaliers; le jeune croît en force tandis que le fort diminue en vieillissant; le vieux croît en industrie, tandis qu'il diminue en force, l'un a de l'ardeur jusqu'à tel âge, & va ensuite en diminuant, l'un vouloit vendre sa peine trop cher, & ne trouvoit point de travail, il en baisse le prix & trouve sufisamment de travail, & devient plus habile, l'un est maladif durant un tems & devient fort, le fort devient infirme durant un autre tems; le prix comun de la journée du Journalier est fait du prix mitoyen du plus fort & du plus foible, du plus laborieux & du moins laborieux, du plus sain & du moins sain, du plus industrieux & du moins industrieux; & ce qui est important à considérer, c'est que toutes ces qualités changent entre les Journaliers & entre toutes les familles; mais enfin il est certain qu'il y a dans chaque Paroisse un prix comun de la journée comune des Journaliers, & que si quelques-uns & quelques familles gagnent durant quelques anées à la fixation moyene que l'Intendant en fera par raport au subside, ils y perdent dans d'autres anées; or une disproportion passagere qui est assés exactement compensée ou d'home à home en peu d'anées, ou du moins de famille à famille dans un plus long cours d'anées, n'est pas une disproportion réelle.

2°. Quand le Journalier de sept sous de journée réelle payeroit sur le pied de huit sous, & que le Journalier de dix sous de journée réelle ne payeroit que sur le pied de huit sous il n'y auroit pas dans leur Taxe une diférence d'un quart dans le plan de la Taille Tarifée; or souvent dans la Taille arbitraire il y a disproportion du tiers, du double, & souvent du triple, & quelquefois du quadruple; donc la dispropor-

&

tion de la Taxe entre Journalier & Journalier est beaucoup plus grande dans le systême de l'arbitraire, que dans le systême du non arbitraire ou des Tarifs.

3°. Il est certain que le Journalier voisin de la ville d'Election, dans laquelle il y a plus d'habitans, & par conséquent plus d'argent & plus de comerce; mais moins de denrées nécessaires a la subsistance de sa famille, ne paye pas plus facilement dix sous de subside qu'il gagne par jour, que le Journalier éloigné de quatre lieuës, qui gagne sept sous par jour, & paye sept sous de subside; c'est que pour sept sous celui-ci à dans sa Paroisse autant de denrées nécessaires à la subsistance de sa famille que l'autre en a pour dix sous dans la siéne, & que l'un & l'autre sont dans la nécessité de vendre leur journée de travail à un prix avec lequel ils puissent d'un coté acheter les denrées nécessaires à la subsistance de leurs familles, & de l'autre payer le subside qui leur est demandé par le Roi sur le revenu anuel de leur travail, pour garantir les meubles nécessaires, ou à leur nouriture, comme une marmite, un chaudron, une poele, d'être saisis & vendus par les Colecteurs du subside de l'Etat, & sur cela je ne puis m'empêcher de dire que parmi les meubles saisissables par les Colecteurs on doit excepter & nomer les ustenciles & meubles qui sont absolument nécessaires pour la nouriture, pour le travail & pour le sommeil des Taillables, & même le pain & l'orge pour un mois; ma raison c'est que sans ces exceptions vous faites sortir de sa maison le Taillable laborieux, qui gagne sa vie lui & sa famille, & vous le réduisés lui & ses enfans à devenir des mandians fainéans qui vivent sans rien faire aux dépens du public.

Il est certain que tandis que la journée de l'Election sera à un prix comun, par exemple, de huit sous, le Journalier voisin de la ville, qui gagne dix sous, sera favorisé d'un cinquiéme, & le Journalier éloigné qui ne gagne que sept sous sera vexé d'un huitiéme; mais il y a un remede facile pour ôter cete disproportion.

Suposons, par exemple, que l'Intendant fasse quatre Classes de Paroisses dans une Election, que dans la premiere Classe des Paroisses voisines d'une lieuë de la ville, le prix comun de la journée du Journalier soit de dix sous, parce que les denrées nécessaires à la subsistance y sont plus cheres de plus d'un cinquiéme, à cause qu'elles suivent à peu près le prix qu'elles se vendent à la ville même; & qu'il faut payer le transport des denrées éloignées.

Je supose que dans la seconde Classe composée de Paroisses éloignées de deux lieuës de cète ville, le prix comun de la journée du Journalier soit de neuf sous; que dans la troisiéme Classe composée des Paroisses éloignées de trois lieuës de la ville, qui seront en plus grand nombre, comme plus éloignées du centre, & comme environantes le centre, le prix comun de la journée soit de huit sous, & que la quatriéme Classe soit composée de toutes les Paroisses qui seront éloignées de la ville d'Election d'environ quatre lieuës, & que le prix comun de la journée du Journalier soit de sept sous, à cause de l'abondance des denrées & de la dificulté du transport de ces denrées à la ville où il y a plus d'argent, plus d'habitans & plus de comerce.

Il est certain que dans cète suposition le Journalier de dix sous payera sur le pied de dix sous, & le Journalier de sept sous ne payera que sur le pied de sept sous; or qui empêche l'Intendant de faire ces quatre diférentes Classes, en nomant dans chaque Classe les Paroisses de dix sous, les Paroisses de neuf sous; &c.

En observant cète nouvelle métode de diviser par Classe les Paroisses de chaque Election pour l'estimation de la journée du Journalier, & en faisant réflexion aux compensations qui se font naturellement dans le cours de dix ou vingt anées, soit d'home à home, soit de famille à famille de Journalier, il est impossible qu'il y ait aucune source réelle de disproportion qui soit toûjours durable; or pourquoi les Intendans ne pouroient-ils pas faire ces diférentes Classes sur le prix réel des journées comunes des Journaliers comuns des diférentes Paroisses, qui augmentent de prix à mesure qu'elles s'aprochent d'une ville plus peuplée, plus riche & de plus de comerce,

Et à cète ocasion il est à propos de remarquer que dans quelques Elections il y a des Paroisses qui à mesure qu'elles s'éloignent de la ville de leur Election, qui est leur centre ordinaire, s'aprochent d'une autre ville plus grande, plus peuplée, plus riche, & par conséquent d'un plus grand comerce, & où l'argent est plus comun & les denrées plus rares, & qui est comme le centre des Paroisses, & même des petites villes d'alentour; telles sont, par exemple, les Paroisses qui sont entre Avranches & Saint Malo; en s'éloignant d'Avranches elles s'aprochent de Saint Malo, qui par ses richesses devient le centre d'Avranches même.

On remarque la même chose dans les Paroisses qui sont entre Pontoise & Paris, les journées des Journaliers augmentent de prix à mesure qu'elles s'éloignent de Pontoise en s'aprochant de Paris; c'est que Paris par sa grandeur, par le grand nombre de ses habitans, par ses grandes richesses & par son grand comerce devient centre de Pontoise même & de plusieurs autres villes d'Election qui l'environent.

4°. Le systême de l'arbitraire ne done aucun moyen convenable pour éviter les disproportions excessives entre les fermiers & proprietaires des terres, maisons & rentes; ce qui fait un objet quatre fois plus important que n'est la Taxe d'industrie; au lieu que le systême de Taille Tarifée par le moyen des Tarifs & des déclarations, empêche nécessairement dans tout le Royaume toute disproportion; car je n'apelle pas moyen convenable la permission que la Loi done à un pauvre Taillable sans protection d'avoir un procès en surtaux contre un Taillable riche, puissament protegé, & dont il est souvent débiteur. Il faut même remarquer que les procès en surtaux ne peuvent se décider que par des déclarations réciproques; & il est très-important de se souvenir que dans le systême des Tarifs ces déclarations donées aux Colecteurs avant la répartition, empêchent tout sujet de procès entre les Taillables, au lieu que dans le systême de la Taille arbitraire, elles suposent le procès dans lequel les Taillables se ruinent les uns les autres.

Or comme il en faut toûjours revenir pour juger des deux systêmes à comparer les disproportions journalieres de l'un avec les disproportions journalieres de l'autre; on vera du premier coup d'œil, 1°. Que le systême des Tarifs est beaucoup préférable même en l'état qu'il a été proposé d'abord pour la Taxe d'industrie; puisque la diférence de disproportion ne peut aler qu'au quart ou au tiers, au lieu que dans l'arbitraire elle va souvent à la moitié, au triple, & même quelquefois au quadruple. 2°. On verra que dans le systême des Tarifs perfectioné par ce Suplément il y aura entre les Paroisses d'une même Election diférentes Classes, par raport à l'estimation de la journée du Journalier qui empêcheront toute disproportion durable, & l'on a vû que la disproportion passagere se terminoit dans une compensation éfective, ou entre persone & persone en peu d'anées, ou entre famille & famille dans le cours de deux générations.

OBJECTION DERNIERE.

Il y auroit une métode plus facile & plus seure que la vôtre pour parvenir à la conoissance de la valeur anuele des fonds de chaque Paroisse, ce seroit d'obliger les Curés, les Sindics, & quatre ou cinq des Taillables de chaque Paroisse à doner à l'Intendant une déclaration de toutes les terres, maisons & moulins de leur Paroisse en les divisant par diverses Classes de bonté & de revenu, par arpent, & marquant le nombre d'arpens de telle Classe; on pouroit même en faire l'arpentage.

REPONSE.

1°. Coment voulés-vous les obliger à ce travail sans aucune avance, sur tout les arpentages?

2°. Il est évident que l'intention de la Cour est de taxer la Paroisse à proportion de son revenu; or dans cète opinion les habitans ne sont-ils pas tous interessés à faire toutes leurs estimations très-foibles; ainsi les uns la feront d'un quart trop foible, les autres d'un tiers, les autres d'une moitié?

3°. S'il y a des punitions contre les estimations trop foibles, voudront-ils jamais accepter la Comission?

4°. Coment les convaincre d'avoir estimé foiblement contre leur propre conscience? Or cependant coment les condaner à une punition, si on ne leur demande que le témoignage de leur consience?

5°. Encore si ces estimations étoient toutes aussi foibles les unes que les autres, par exemple, toutes de moitié trop foibles, l'Intendant & par conséquent le Conseil pouroient s'en servir comme d'une baze solide pour faire la répartition sur les Généralités, sur les Elections & sur les Paroisses, mais dans un canton la diférence sera de moitié, dans un autre la diférence ne sera que d'un quart, sans qu'il soit possible de distinguer les lieux où les Taillables se seront plus ou moins éloignés de la verité; de sorte que s'il y a vingt-sept mille Paroisses Taillables, il faudra vingt-sept mille vérifications qui ne se peuvent faire qu'avec de grands frais que l'on veut éviter.

6°. Si le Conseil demande des arpentages, il faudra au moins quatre ou cinq cens francs par Paroisse l'une portant l'autre, pour faire les arpentages des cantons de terre de diférent revenu; si le Conseil n'en demande point, les Paroissiens pouront tromper d'un quart, d'un cinquiéme, d'un sixiéme, &c. sur la quantité d'arpens, & tromper sans pouvoir être punis, puisqu'ils ne sont interogés que sur leur opinion & qu'on ne peut pas les convaincre de mensonge.

7°. Vous laissés encore l'arbitraire tant sur l'industrie que sur le comerce; or par le Projet de Taille Tarifée il y a une voye pour sortir de ce terrible arbitraire pour ces deux grands articles par des Tarifs.

Cète métode n'est donc ni si simple ni si facile dans l'execution, ni si seure à beaucoup près que la métode du Projet de Taille Tarifée, où chacun done déclaration de ce qu'il posséde, de peur de la vexation, & la done juste de peur de la punition.

L'auteur de cète Objection est toûjours très-loüable d'avoir fait ses éforts pour trouver une métode meilleure que le Projet de Taille Tarifée, & il seroit à souhaiter que chacun de ceux qui sont les plus instruits de la matiere, fissent de pareils éforts.

Il n'a point voulu se nomer dans le Mémoire qu'il m'a envoyé, j'y ai remarqué plusieurs bones observations, & entre autres un fait considérable; mais il n'en aporte point de preuve : il dit que la Paroisse de Roissy, Election de Paris, paye la Taille à douze sous six deniers pour livre, pendant qu'une Paroisse voisine, qu'il ne nome point, ne la paye qu'à deux sous six deniers,

Cète disproportion est comme de deux à dix, cependant la plus grande diférence ou disproportion que j'aïe remarqué jusqu'ici entre Paroisse protegée & Paroisse vexée de celles dont j'ai fait la vérification, c'est comme deux à six: deux Paroisses égales en revenu, en industrie, en comerce, l'une payoit deux mille livres, tandis que l'autre payoit six mille livres.

AVERTISSEMENT.

C'Est une excellente métode pour voir clair dans une matiere importante, que de proposer un prix important, une pension convenable, & une Médaille pour celui qui dans un certain tems réüssira le mieux à l'éclaircir, & pour doner les meilleurs moyens de procurer de ce coté-là le bien de la Nation, un pareil prix seroit peu de chose pour l'Etat & ne laisseroit pas de faire, que les plus grands genies, & les mieux instruits dans la matiere, travailleroient en grand nombre à l'envi les uns des autres à aprofondir la matiere; je ne saurois m'empêcher de souhaiter que le Conseil prene cète métode non seulement dans la matiere de la Taille arbitraire, où l'on voit avec évidence tant de grands inconveniens; mais encore sur d'autres matieres également importantes; je souhaiterois donc ou que le Conseil se déterminât à faire dans quelques Elections des épreuves du Projet de Taille Tarifée, ou du moins à proposer un Prix à celui qui dans deux ans proposeroit la meilleure métode.

Fin de la premiere Partie.

SUPLEMENT

SUPLEMENT AU PROJET DE TAILLE TARIFÉE.

SECONDE PARTIE.

Nouveau Projet de Reglement.

ARTICLE I.

Liberté de déclarer.

IL sera libre à tout Taillable de signer la délaration de son revenu & gain anuel sur le Registre du Secretaire de la Paroisse dans le premier jour du mois de suivant le modéle ci-joint.

ARTICLE II.

Deux sortes de Roles.

Les Colecteurs feront chaque anée deux Roles des Taillables par alfabet ; dans le premier apelé *Role Tarifé*, ils mettront les diférens revenus ou gains anuels de chaque Taillable par diférens sous-articles, avec la some que chaque article doit porter par raport aux Tarifs ci-après specifiés.

Le produit total des Tarifs sera mis à la seconde marge, & sera *la Taxe de proportion ;* mais la *Taxe exigible* sera formée par raport à la Taxe de la Paroisse portée par le mandement, & sera mise en écriture dans le corps du Role, & à la première marge en chifre.

Ce premier role demeurera en dépôt chés le Secretaire de la Paroisse pour y avoir recours, & en pouvoir lever des extraits en cas de contestation.

Le second contiendra le nom de chaque Taillable, & la Taxe exigible contenuë au Role Tarifé, sans aucun sous-article, & s'apellera *Role ou Papier de Recète*, & il y aura du blanc au dessous de chaque article pour doner la facilité aux Colecteurs d'y écrire les payemens des Taillables, le tout suivant les Modéles ci-joints.

ARTICLE III.

Déclarations volontaires seront suivies.

Déclarations d'ofice non reprochables.

Comme il y aura sur tout dans les premieres anées de ce nouvel Etablissement, des Taillables, qui soit par le désir d'être soulagés de leur Taxe excessive, soit par la crainte d'en suporter une semblable, signeront volontairement leur déclaration, & d'autres qui voulant continuer d'être favorisés dans leur Taxe aux dépens des non privilegiés, refuseront de signer leur déclaration, les Colecteurs dans le Role Tarifé se conformeront à la déclaration volontaire du déclarant.

A l'égard du non déclarant ils feront dans le Role Tarifé la déclaration de tous les diférens revenus par diférens sous-articles, selon la conoissance qu'ils en ont, sans que l'on puisse leur reprocher dans ces déclarations faites d'ofice leurs trop fortes estimations.

Si dans une Paroisse il n'y avoit aucun déclarant ni aucun Registre de déclarations, les Colecteurs ne laisseront pas de faire leur Role Tarifé par articles & sous-articles, & de faire la Taxe de proportion, suivant les Tarifs, à peine de deux cens livres d'amende ou domages & interêts au profit du Receveur des Tailles, qui poursuivra l'execution du présent article.

ARTICLE IV.

Obligation de se conformer aux Tarifs.

Les Colecteurs ne pouront se dispenser de faire dans le Role Tarifé la Taxe de proportion pour chaque sous-article de chaque Taillable, suivant les Tarifs, & de faire la Taxe exigible au sou la livre en augmentant ou en diminuant, suivant que le Total du Mandement de l'Intendant se trouvera ou au-dessus ou au-dessous du Total des Taxes de proportion ; ils ne pouront non plus se dispenser de diminuer le déclarant, & d'augmenter la cote du non déclarant, suivant la proportion ci-après marquée, à peine de payer l'excedent & de deux cens livres d'amende, les deux tiers au Taillable plaignant, & l'autre tiers au profit de la Paroisse.

ARTICLE V.

Benefice des déclarans.

La Taxe exigible du déclarant sera cète anée diminuée par les Colecteurs, de quatre sous pour livre, & le total de ces diminutions sera rejeté au sou la livre sur le total des Taxes exigibles *des non déclarans*, & cète diminution & augmentation se fera sur le Role Tarifé, jusqu'à ce qu'il n'y ait plus *de non déclarans* dans la Paroisse, & ce à peine de deux cens livres d'amende contre les Colecteurs contrevenans, le tiers au profit de la Paroïsse, les deux tiers au profit du Taillable déclarant & poursuivant.

S'il se trouvoit des Paroisses si favorisées qu'il n'y eût aucun déclarant, l'Intendant augmentera leurs Taxes de quatre sous pour livre tous les ans jusqu'à ce qu'il y ait des déclarans ; & cète augmentation sera en diminution au sou la livre des Paroisses déclarantes.

ARTICLE VI.

Taillables exploitans des terres hors Paroiſſe.

Les Colecteurs comprendront dans le Role Tarifé les terres, maiſons, moulins & rentes que le Taillable domicilié dans leur Paroiſſe ocupe, exploite & perçoit hors de la Paroiſſe de ſon domicile, ſoit comme proprietaire, ſoit comme uſufruitier, ſoit comme fermier; ils comprendront auſſi les heritages qu'il baille à ferme dans d'autres Paroiſſes, ſoit que ces Paroiſſes ſoient de la même Election & de la même Généralité, ſoit qu'elles n'en ſoient pas, & les Colecteurs des autres Paroiſſes ne pouront le taxer pour raiſon deſdits heritages, ſi ce n'eſt en cas qu'ils ne fuſſent pas employés ſur le Role Tarifé de ſon domicile.

ARTICLE VII.

Tarif pour les terres, maiſons & rentes.

La Taxe de proportion des Taillables qui ont en proprieté ou uſufruit des terres, des maiſons ou des rentes, ſera faite ſur le pied de deux ſous pour livre du revenu.

Tarif pour les moulins.

La Taxe de proportion ſur les proprietaires des moulins, ſera auſſi de deux ſous pour livre du revenu de ces moulins; mais après avoir déduit le tiers pour les réparations.

Les rentes paſſives ſur leſdits immeubles ſeront déduites avant de former ladite Taxe.

ARTICLE VIII.

Tarif des fermiers, des Meuniers, des Locataires & des Regiſſeurs ou Fermiers à forfait.

La Taxe de proportion des fermiers ou métayers à prix d'argent & des Taillables qui tiennent des terres ou ferme à baux perpétuels apellés en quelques Provinces, contrats de fieffe; la Taxe de ceux qui les tienent à baux emphyteotiques ou à longues anées, ſera d'un ſou pour livre du prix de leurs baux.

La Taxe de proportion des fermiers des moulins sera d'un sou pour livre du prix du bail.

Si le fermier du moulin a des terres dans son bail, il donera par sa déclaration son estimation desdites terres, & la donera juste, sous peine de fausse délaration.

La Taxe de proportion du Locataire d'une maison sera de six deniers pour livre du prix de son bail, & la même Taxe sera pour le bail à longues anées, & pour le bail perpétuel.

La Taxe de proportion ou Tarif du Fermier Général, ou Regisseur d'une terre, dont il souferme toutes les terres & métairies, sera d'un demi pour cent du prix de son bail, ou des revenus qu'il regit, comme porteur de procuration; de sorte que si ce revenu est de dix-huit cens livres, cète Taxe sera de neuf livres.

Article IX.

Tarif pour le Comerce.

La Taxe de proportion des Marchands de toute espece, qui vendent & achetent, des Voituriers, des Cabaretiers, qui donent à loger, des Facteurs, des Maîtres de barques, des Manufacturiers & autres Comerçans, qui auront la valeur de deux cens livres en marchandises, billets ou argent servant à leur comerce, déduction faite de leurs dettes passives, sera de vingt sous, pour chaque some de deux cens livres dans l'Election où la journée du Journalier sera estimée huit sous dans le mandement de l'Intendant, & autant de fois vingt sous qu'ils auront de fois deux cens livres, & cela outre les autres Tarifs ou Taxes de proportion où ils sont sujets.

Dans les Elections où la journée du Journalier sera estimée sept sous, la Taxe de proportion du comerce sera de dix-sept sous six deniers pour chaque deux cens livres; dans les Elections où cète journée sera de neuf sous, cète Taxe sera de vingt-deux sous six deniers, & ainsi en augmentant ou diminuant de deux sous six deniers par chaque sous d'augmentation ou de diminution au-dessus ou au-dessous de la journée estimée huit sous.

Celui qui aura moins de deux cens livres dans le comerce ne payera rien pour raison du comerce, de même celui qui aura plus de trois cens livres, mais moins que quatre cens, ne payera que comme s'il n'avoit que deux cens: celui qui aura plus de cinq cens, mais moins que six cens, ne payera que comme s'il n'avoit que quatre cens, & ainsi du reste.

ARTICLE X.

Tarif pour les cinq Classes d'industrie.

Il y aura entre les Taillables cinq Classes d'industrie, & dans les Elections ou Paroisses dans lesquelles le pied comun de la journée du Journalier aura été estimé huit sous par l'Intendant la Taxe de proportion des Taillables de la premiere & plus haute Classe, sera de huit livres.

Celle des Taillables de la seconde Classe, sera de quatre livres.

Celle des Taillables de la troisiéme Classe, qui est des Journaliers, sera de quarante sous.

Celle des Taillables de la quatriéme Classe, sera de vingt sous.

Celle de la cinquiéme Classe, sera d'un sou.

Dans les Elections où la journée du Journalier sera estimée sept sous, la Taxe de proportion de la troisiéme Classe, qui est celle du Journalier, sera de trente-cinq sous; dans celle où la journée sera estimée neuf sous, la Taxe de proportion sera de quarante-cinq sous, & ainsi en augmentant ou diminuant de cinq sous par chaque sou d'augmentation ou de diminution au-dessus ou au-dessous de huit sous.

La Taxe de proportion pour l'industrie de la quatriéme Classe, qui est moitié de la troisiéme, diminura ou augmentera à proportion, & sera toûjours moitié de cète troisiéme Classe.

Et comme la Taxe de la seconde Classe est double de la troisiéme, il sera observé que là où la Taxe de la troisiéme sera à quarante-cinq sous, cète seconde sera de deux fois cinq sous, ou dix sous de plus, c'est-à-dire, de quatre livres dix sous.

Et comme la Taxe de la premire Classe est quadruple de la Taxe de la troisiéme, il sera observé que là où la Taxe de la Classe du Journalier sera à quarante-cinq sous, la Taxe de cète premiere Classe sera de neuf livres, & ainsi du reste sur la même proportion.

La Taxe de proportion pour l'industrie du Taillable qui n'aura aucun revenu en maisons, terres ou rentes, ne sera que du quart de la Taxe de sa Classe, par exemple de huit livres à quarante sous: s'il a autant de revenu que le montant de la moitié de cète Taxe, mais non égal au total de la Taxe de sa Classe, par exemple, de quatre livres de rente, il ne sera mis qu'à la moitié de cète taxe de proportion, c'est-à-dire à quatre livres.

ARTICLE XI.

Taillables de la premiere Classe,

Dans la premiere Classe d'industrie seront compris les Juges, Avocats, Grefiers, Notaires, Procureurs, Huissiers & autres Oficiers de Justice, les Taillables exerçans la Medecine ou la Chirurgie, Chefs de Manufactures, habitans vivans de leur revenu sans profession déterminée, Négocians ou Marchands, qui auront la valeur de mille livres en comerce, Proprietaires de barques, Regisseurs de terres & Cabaretiers qui donent à loger.

ARTICLE XII.

Taillables de la seconde Classe d'industrie.

Dans la seconde Classe d'industrie seront compris les Fermiers, Laboureurs, Méteyers, Vendeurs de vin, de cidre, de biere, &c. Merciers, Menuisiers, Charpentiers, Maçons, Serruriers, Couvreurs, Meuniers, Maréchaux, Careyeurs, Plâtriers, Chauforniers, Selliers, Chapeliers, Tailleurs, Cordoniers, Tisserans, Sauniers, Boulangers, Vitriers, Cordiers, Taneurs, Cardeurs, Jardiniers, Voituriers, Potiers d'Etain, de terre, de fayance, Tuilliers, Faiseurs d'épingles & d'éguilles, Blanchisseurs, Barbiers, Perruquiers, Charons, Ecrivains ou Copistes, & généralement tous autres Artisans ou gens de métier.

ARTICLE XIII.

Taillables de la troisiéme Classe d'industrie.

Dans la troisiéme Classe d'industrie seront compris les Journaliers ou Maneuvres, les Valets ou Domestiques Taillables, Garçons de Boutique, Compagnons, Aprentifs Taillables.

ARTICLE XIV.

Taillables de la quatriéme Classe d'industrie.

Dans la quatriéme Classe seront toutes les Veuves des Taillables qui ne seront point de la premiere Classe.

ARTICLE XV.

Cinquiéme Classe.

Dans la cinquiéme Classe d'industrie seront les Artisans & autres Taillables de la seconde Classe d'industrie, qui auront plus de trois petits enfans au-dessous de dix ans acomplis, les Journaliers & autres Taillables de la troisiéme Classe, qui auront plus de deux petits enfans, les Journaliers qui sont veufs chargés d'un petit enfant; les veuves de la seconde & troisiéme Classe chargées d'un petit enfant, les infirmes, les Soldats qui auront servi vingt ans, ou qui seront estropiés, les Septuagenaires qui ne sont point de la premiere Classe, les Mandians, les Maîtres & Maîtresses d'Ecole, ceux qui auront été grêlés l'anée precedente, ceux qui auront été incendiés depuis deux ans, & ceux qui dans l'anée depuis la derniere imposition, auront été plus d'un mois dans l'impuissance de travailler par maladie ou blessure; mais quoique ces Taillables soient presque entierement exemts de la Taxe d'industrie, ils ne le seront pas des autres Taxes, s'ils ont des biens qui y soient sujets.

ARTICLE XVI.

Excedant du Total des Taxes de

Si le produit de toutes les Taxes de proportion se trouve exceder d'une cinquiéme, proportion sur le Total de la Taxe demandée. } quiéme, d'un dixiéme, d'un vintiéme ou autre partie, la some demandée à la Paroisse par le Mandement de l'Intendant, les Colecteurs retrancheront de chaque article un cinquiéme, un dixiéme, un vintiéme, ou autre partie au sou la livre, & ce qui restera après ce retranchement sera la Taxe exigible de chaque *Taillable déclarant*, après néanmoins que les Colecteurs en auront ôté quatre sous pour livre, qui seront rejetés sur *les nondéclarans*; il en sera de même de la taxe exigible *du non déclarant*, après que les Colecteurs y auront ajoûté au sou la livre, le cinquiéme dont les déclarans ont été soulagés.

Cète Taxe exigible sera mise en écriture dans le corps du Role Tarifé, & en chifre à la premiere marge; au lieu que la Taxe de proportion ne sera mise qu'en chifre tant dans le corps du Role qu'à la seconde marge, suivant les modéles ci-après specifiés; & ce seront ces Taxes exigibles qui seules seront mises par les Colecteurs dans leur Papier de Recète.

Pareillement si le produit de toutes les Taxes de proportion se trouve moins fort d'un cinquiéme, d'un dixiéme, d'un vingtiéme ou autre partie que la some portée par le Mandement, ensemble les deniers de colecte; les Colecteurs ajoûteront à chaque article de ladite Taxe un cinquiéme, un dixiéme, un vintiéme, ou autre partie au sou la livre; & ce qui en résultera sera la Taxe exigible après la diminution du cinquiéme ou quatre sous pour livre, faite en faveur du déclarant, &c.

On ne metra point de deniers dans la Taxe de proportion ni dans la Taxe exigible, & s'il s'en présente on les retranchera au profit du Taillable.

ARTICLE XVII.

L'excedant des Taxes exigibles ne passera point la quarantiéme partie du mandement. } Les Colecteurs dans leur répartition, feront enforte d'un côté que le total des somes exigibles ne soit jamais plus foible que la some demandée par le mandement y compris les deniers de colecte, & de l'autre que ce total des somes exigibles ne surpasse jamais

BIBLIOTHÈQUE NATIONALE RF

d'un quarantiéme ou de six deniers pour livre, la some du mandement jointe aux deniers de colecte.

La some qui sera imposée par les Colecteurs au-delà du mandement & deniers de colecte, & les amendes jugées au profit de la Paroisse, seront par eux mises entre les mains des Colecteurs de l'anée suivante, & ainsi d'anée en anée jusqu'à ce que l'on puisse faire une répartition de cet excedent sur le pied de six deniers ou d'un sou pour livre, ou autre partie au profit de chaque Taillable.

ARTICLE XVIII.

Registre des déclarations.

Nomination du Secretaire.

Ses droits.

Le Registre des déclarations contiendra le nom de tous les Taillables de la Paroisse par alfabet, en començant par le nom de Bâtême, & puis par le nom de famille ou le nom paternel, en observant aussi l'alfabet des noms paternels dans les noms de Bâtême, qui seront semblables, & les veuves seront mises à la fin en suivant l'alfabet de leur dernier mari, & ce Registre demeurera entre les mains du Secretaire de la Paroisse qui en délivrera des extraits.

Ce Secretaire sera nomé par l'intendant sur l'avis du Subdelegué, & il poura être comis pour plusieurs Paroisses qui seront désignées dans sa comission, il se transportera dans chaque Paroisse, & y séjournera autant de jours qu'il y a de fois vingt familles Taillables, ce qu'il fera savoir au Prône de la Paroisse; & préferera pour l'enregistrement ceux qui se présenteront selon l'ordre alfabetique.

Le Taillable payera au Secretaire pour son droit pour la premiere anée un sou pour livre de la some à laquelle il est imposé l'anée courante.

Le Secretaire pour éviter les ratures & les transpositions dans le Registre original, écrira d'abord la déclaration du Taillable sur un morceau de papier, & puis la mettra au net sur le Registre où signera le déclarant, suivant l'ordre prescrit par le modéle ci-après, & en donera sans frais copie de lui certifiée aux Colecteurs de l'anée suivante.

ARTICLE XIX.

Punition du faux déclarant.

Le Taillable qui aura signé sa déclaration sur le Registre, & qui l'aura doné fausse ou incomplete, ou fait quelque estimation fausse, poura être poursuivi par les Colecteurs, & sera condané au quadruple envers la Paroisse de ce que la fausseté lui auroit aporté de profit, & à deux cens livres d'amende, le tiers au profit de la Paroisse, & les deux tiers au profit des Colecteurs poursuivans; & si les Colecteurs négligeoient durant un an de poursuivre ladite fausse déclaration, il sera permis à tout autre Taillable de la Paroisse de poursuivre à leur place, & il aura à son profit les deux tiers de l'amende; mais le faux déclarant ne poura être poursuivi après dix ans du jour de la déclaration.

Le Secretaire de la Paroisse envoyera au Subdelegué dans le quinze de Juillet de chaque anée la liste des non déclarans, & le Subdelegué la donera à l'Intendant qui poura les taxer d'office, ainsi qu'il le jugera à propos.

ARTICLE XX.

Estimation des heritages non afermés à prix d'argent.

Celui qui exploite sa terre, qui ocupe sa maison ou son moulin, de même le Métayer qui tient sa métairie non à prix d'argent en entier, mais ou à moitié de fruits ou par quelques redevances, partie en denrées, partie en argent, poura doner sa déclaration de la valeur anuelle dudit heritage, & alors il ne poura être taxé par les Colecteurs que sur le pied de sa propre estimation, sauf à eux à prouver par Experts només d'ofice que cète estimation est trop foible, & en ce cas il sera sujet à la peine de fausse déclaration.

Mais sa déclaration ne sera sujete à cète peine, si elle n'est trouvée d'un dixiéme au total trop foible; par exemple, si l'heritage avoit été déclaré de quatre-vingt-dix livres, si l'estimation des Experts n'est que de quatre-vingt dix neuf livres, le déclarant ne sera point sujet à ladite peine, & en ce cas il sera seulement condamné aux frais de l'estimation & aux dépens.

Mais si par l'estimation des Experts l'heritage est estimé cent livres, il sera condamné à la peine de fausse déclaration.

Que si par l'estimation des Experts l'heritage n'est estimé que quatre vingt-dix livres, c'est-à-dire, que si l'estimation du déclarant n'a point été trouvée trop foible, les Colecteurs seront condanés envers lui à deux cens livres de domages & interêts pour fausse acusation.

Que si ledit proprietaire ou ledit Méteyer ne déclare aucune estimation de l'heritage non afermé en entier à prix d'argent, les Colecteurs demeureront en droit de le taxer selon l'estimation qu'ils en feront, sauf à lui à intenter action en surtaux contre les Taillables non déclarans; car pour les déclarans ils ne pouront être assignés en surtaux.

ARTICLE XXI.

Baux, Contre-lettres, Tiercemens.

Tous les baux des Taillables seront signés des parties, autrement seront déclarés nuls au préjudice du bailleur.

Le Taillable sera tenu de comuniquer son bail aux Colecteurs, quand il en sera requis.

Les contre-lettres qui porteront une augmentation du prix, qui est dans le bail au profit du bailleur, ou autres promesses ou obligations équivalentes à ces contre-lettres, seront déclarées nulles & de nul éfet par les Juges au préjudice du bailleur & au profit du preneur ou de ses heritiers, à moins qu'elles n'ayent été déclarées dans le Registre des déclarations, ou par le fermier ou par le proprietaire, soit exemt soit Taillable, & le fermier déclarant, qui n'aura pas déclaré lesdites contre-lettres, sera sujet à la peine de fausse déclaration.

Il sera permis aux Colecteurs d'ofrir au proprietaire le quart en sus du total du prix du bail que tient un Taillable de leur Paroisse, & ils seront préférés au fermier en donant bone & sufisante caution au proprietaire; par exemple, si le bail est de trois cens livres, ils seront preferés en ofrant quatre cens livres.

Celui qui par fraude aura prêté son nom au Marchand Taillable pour le faire juger débiteur d'une plus grande some qu'il n'est en éfet, sera condané à une amende égale à la some qu'il aura cachée, le tiers au profit de la Paroisse, les deux tiers au profit des Colecteurs, & les contre-lettres en pareil cas seront déclarées nules.

Toutes les amendes ci-dessus déclarées seront payables par corps.

ARTICLE XXII.

Pouvoir des Elus augmenté.

Les procès pour fausse déclaration pour les contre-lettres, pour les tiercemens & tous autres procès pour le fait de la Taille, dont le capital de la demande ne passera point la valeur de cent livres, seront jugés en dernier ressort par les Juges d'Election au nombre de sept, lorsqu'il y aura cinq voix uniformes, & quand il y aura plus de Juges que sept, il n'y aura point de pourvoi contre la Sentence, tant qu'il n'y aura pas au moins le tiers des voix contre l'opinion comune.

ARTICLE XXIII.

Droit de colecte augmenté.

Les Colecteurs auront un sou six deniers pour livre pour leur droit de colecte de tous les deniers qu'ils leveront sur les Taillables de la Paroisse sur le Mandement de l'Intendant; ainsi la some des deniers de colecte sera ajoûtée à la Taxe du Mandement pour être par eux répartie sur tous les Taillables.

ARTICLE XXIV.

Soulagement des incendiés & des grêlés.

Si quelque Taillable est incendié ou grêlé, l'Intendant fera faire l'estimation de sa perte par des Comissaires à ce députés, & rejettera par adition sur le total de l'Election, la moitié du prix de l'estimation pour lui être payé ladite some par le Receveur des Tailles sur l'ordre de l'Intendant dans l'anée de l'incendie, ou de la grêle, sur ce déduit la cote de sa Taille.

ARTICLE XXV.

Mémoire des diminutions & augmentations.

Les Colecteurs sous peine de deux cens livres d'amende, le tiers au profit de la Paroisse, les deux tiers au profit du Receveur, seront tenus de doner au Subdelegué avant le premier Septembre de leur anée un mémoire signé d'eux & du Secretaire, contenant

1°. Le prix des fermes nouvellement baillées par les exemts aux Taillables de la Paroisse.

2°. Le prix des fermes reprises par les exemts des mains des Taillables.

3°. Le prix des fermes ou terres qui ont cessé d'être exploitées dans les Paroisses voisines par les Taillables de la Paroisse.

4°. Le prix des terres nouvellement exploitées par les Taillables de ladite Paroisse dans les Paroisses voisines.

5°. Le nom de ceux qui ont été ou grêlés ou incendiés.

6°. Le nom de ceux qui sont morts en grand nombre par une mortalité extraordinaire & maladie épidemique & leur Taxe exigible.

7°. Le nom de ceux qui ont perdu beaucoup de bestiaux par une maladie épidemique sur lesdits bestiaux.

8°. Le nombre d'arpens ravagés par les inondations & débordemens & autres considérations pour augmenter ou diminuer la Paroisse, afin que l'Intendant lors de sa tournée, puisse avoir égard à ces changemens & à l'état des Paroisses par des diminutions ou augmentations convenables & proportionées, & faire pour cela les rejets nécessaires sur le total des Paroisses, diminuer la Taxe des familles afligées, & ordoner le rejet de ces diminutions sur les autres Paroisses au sou la livre.

MODELE.

Regiſtre des déclarations des Taillables.

DE LA PAROISSE D
GENERALITE' D
ELECTION D
ANEE 1723.
Pour payer en 1724.

Extrait du Reglement du Conſeil.

1°. LE Secretaire mettra dans ce Regiſtre le nom de tous les Taillables de la Paroiſſe, premierement par alfabet du nom de bâtême; en ſecond lieu par alfabet du nom de famille, enſorte qu'Abraham Tirel ſoit devant Abraham Vautier.

2°. Il y mettra non ſeulement les noms des Taillables de l'anée courante; mais encore les noms Taillables qui doivent être enrolés pour l'anée ſuivante, & à cette fin les Colecteurs en anée lui comuniqueront leurs roles ſous peine de deux cens livres d'amende.

3°. Les noms des veuves ſeront toutes à la fin ſous leur nom de veuves & non ſous leur nom paternel, mais en ſuivant l'alfabet des noms de leurs maris.

4°. Après le nom ſera la profeſſion ou métier, pour faire conoître la Claſſe d'induſtrie.

5°. Enſuite la maiſon qu'il ocupe, ſoit comme proprietaire, ſoit comme uſufruitier avec l'eſtimation, ſoit comme locataire, mais avec le prix du bail.

6°. Enſuite ſeront par ſous-articles les autres maiſons, terres, moulins, dont il eſt proprietaire ou uſufruitier, & dont il joüit par ſes mains, avec l'eſtimation de la valeur anuelle.

7°. Enſuite ſeront les maiſons, terres, moulins qu'il baille à loyer ou à ferme avec les diférens prix, & les noms des fermiers & locataires.

8°. Ensuite seront les rentes actives qui lui sont dûës, & les rentes passives qu'il doit, avec les noms des débiteurs & des créanciers, & leurs Paroisses.

9°. Ensuite seront les terres & moulins qu'il tient à ferme, le prix des baux & le nom du proprietaire ou usufruitier dont il tient le bail.

10°. Ensuite sera la terre qu'il régit par procuration ou qu'il tient à bail général avec le prix du bail ou la valeur anuelle de la terre.

11°. Ensuite pour le Comerçant sera la valeur en gros des éfets qu'il a dans le comerce au dessus de deux cens livres; en comptant de deux cens livres en deux cens livres.

12°. Ensuite le comerçant déclarera ses dettes mobiliaires passives prises en total sans nomer les noms de ses créanciers.

13°. Le Secretaire observera de mètre les somes en écriture & non en chifre.

14°. Pour éviter les ratures & observer l'uniformité dans l'ordre des sous-articles dans son prémier Registre original, il aura soin d'écrire la déclaration du Taillable sur un autre cahier de papier, avant que de la transcrire sur l'original, pour la faire signer au Taillable.

15°. La déclaration du Taillable qui ne saura signer, sera signée par deux témoins.

16°. Le Secretaire donera copie de ce Registre original de lui certifié à l'un des Colecteurs sans frais, & le Colecteur en signera le reçu sur le Registre original.

17°. Le Secretaire aura pour son droit six deniers pour livre de la derniere cote totale du Taillable, mais pour cète premiere anée il aura un sou.

18°. Il poura comencer son Registre dès le premier Avril jusqu'au dernier de Juin, & poura être Secretaire de plusieurs Paroisses par comission de l'Intendant.

19°. S'il est hors de la Paroisse, il fera dire au Prône les jours qu'il fera dans ladite Paroisse pour recevoir les déclarations; si quelque Taillable malade demandoit à signer sa déclaration; il se rendra chés le malade pour la recevoir sans augmentation de droit, & en faveur des pauvres, il recevra leur déclaration les Fêtes & Dimanches hors le tems du Service.

20°.

20°. Aprés le dernier Juin il ne sera plus permis au Secretaire d'ajoûter ou de retrancher à aucune déclaration ni d'en recevoir aucune à peine de deux cens livres d'amende & de destitution ; mais le faux déclarant poura se pourvoir devant le Juge, & y faire sa déclaration juste avant la confection du role & la faire signifier aux Colecteurs.

Abraham Tirel Notaire,
ocupe une maison, dont il est propriétaire de valeur anuelle de soixante-cinq livres.

Cultive des terres dont il est proprietaire de valeur de deux cens livres.

Baille à loüage une maison à François More par vingt livres.

Possede une rente de quarante livres sur Jacques & Jean Baril.

Tient à ferme des terres du sieur de Preaux par cent livres.

Régit la terre de M. du Saussai de valeur anuelle de trois mille livres.

Certifié ce 15. May 1723. Signé TIREL.

Adam Boulon Laboureur non déclarant.

Bernard la Mare Marchand,
ocupe une maison dont il est proprietaire de valeur anuelle de quarante livres.

Possede cinquante livres de rente sur Pierre Bison, & trente livres de rente sur Jean Sorel, sur quoi doit dix livres de rente à la veuve Pierre des Marches.

Possede dans le comerce, déduction faite de ce qu'il doit, mille livres d'éfets.

Certifié ce 14. Juin 1723. Signé LA MARE.

Charles Hebert Laboureur donant à loger.

Tient sa maison à loyer par quatre-vingt livres.

Possede dans le comerce, déduction faite de ce qu'il doit, douze cens livres d'éfets.

Certifié ce 2. May 1723.

O

Denis du Moulin Journalier, chargé de quatre petits enfans.

Tient à loüage la maison qu'il ocupe par dix livres.

Certifié ce 15. Avril 1723. en présence de René Motin & de Simon le Franq, marque dudit du Moulin, Signé MOTIN & LE FRANQ.

Etienne Fantôme Maréchal.

Tient une maison à loyer par quinze livres.

Possede une rente de quarante sous sur Gilles Messier.

Certifié ce 2. Juin 1723. Signé, FANTÔME.

Etienne Praton Serrurier.

Tient à loyer la maison qu'il ocupe par dix livres.

Possede une rente de neuf livres sur Pierre Launay.

Certifié ce 2. Juin 1723. Signé, PRATON.

MODELLE.

Role Tarifé.

DE LA PAROISSE D

GENERALITE' D

ELECTION D

ANE'E 1723.

Pour recevoir en 1724.

JOurnée du Journalier estimée à huit sous par le Mandement.

Premiere Taille.

Capitation.

Fourage.

Total des Taxes du Mandement & des deniers de colecte monte à deux mille quatre-vingt-dix livres.

Résidens Exemts.

M. le Curé.
M. le Vicaire.
M. du Quesné Ecuyer.

Résidens Taillables.

Taxes exigibles. Abraham Tirel Notaire, déclarant Tarif d'industrie, 8 liv. Taxes de proportion.

Sa maison dont il est proprietaire, estimée par lui à 65 liv. Tarif 6. liv. 10. s.

Terres dont il est proprietaire, & qu'il cultive estimées par lui à 240 liv. Tarif 24. liv.

Maison qu'il baille à loüage à François Mare par 20. liv. Tarif 2 liv.

Rente de 40 liv. sur Jacques & Jean Baril, Tarif 4 liv.

Ferme des terres du sieur de Preaux pour 100 liv. Tarif 5 liv.

Regie de la terre de M. du Saussai, estimée par lui à 3000 liv. Tarif 15 liv.

Total des Taxes de proportion, cinquante-quatre livres dix sous, ci 54. l. 10. s.

Taxe exigible, augmentation faite des sous pour livre, par raport au Mandement, qui est plus fort que le Tarif, cent vingt-deux livres huit sous.

Sur quoi déduisant quatre sous pour livre montant 24 liv. 8 s. en faveur de sa déclaration, reste quatre-vingt-dix-huit livres de Taxe exigible. 98. liv.

Nota 1°. *Que si la Taxe du Mandement de l'Intendant étoit moindre que la Taxe de proportion d'un dixiéme, ou autre partie, il faudroit diminuer un dixiéme ou autre prrtie de la Taxe de proportion, au lieu qu'ici on l'augmente d'un tantiéme pour livre.*

Nota 2°. *Que lorsque tous les Taillables seront déclarans, il n'y aura plus de diminution à l'article du déclarant ni d'augmentation à l'article du non décla-*

Taxes exigibles. Adam Boulon Laboureur non déclarant, industrie, Tarif. 4. liv. Taxes de proportion.

Ferme où il loge, qu'il tient du sieur le Roux estimée d'ofice 1500. liv. Tarif 75. liv.

Heritages dont il est proprietaire, & qu'il cultive estimés d'ofice 500. liv. Tarif 50. liv.

Total des Taxes de proportion 129. liv. 129 liv.

Taxe exigible, augmentation faite des sous pour livre par raport au mandement, c'est 303. liv. 6. s.

Sur quoi augmentant cinq sous pour liv. comme
379. l. 2. s. non déclarant, résulte trois cens soixante dix-neuf livres deux sous de Taxe exigible.

Nota, *Que comme on supose ici plus de déclarans que de non déclarans, il doit arriver que les non déclarans sont augmentés de cinq sous pour livre, tandis que les déclarans ne sont diminués que de quatre sous pour livre; dans d'autres Paroisses les non déclarans se trouveront plus ou moins chargés, selon que la some de la Taxe des déclarans sera plus ou moins forte que la Taxe des non déclarans.*

Bernard la Mare Marchand, Tarif d'industrie, 8. liv.

Sa maison dont il est proprietaire, estimée par lui à 40. liv. Tarif 4. liv.

85. liv. de rente, sur quoi doit 10. liv. reste 75. liv. Tarif 7. liv. 10. s.

Efets dans le comerce, déduction faite de ses detes 1000. liv. Tarif 5. liv.

Total des Taxes de proportion vingt-quatre livres, ci 24. liv.

Total exigible, augmentation faite des sous pour livre par raport au mandement qui est plus fort, c'est 47. liv. 14. s.

Sur quoi déduisant quatre sous pour livre, montant 10. liv. 12. s. en faveur de sa déclaration, reste
42. l. 8. s. quarante-deux livres huit sous de Taxe exigible.

Taxes exigibles. Charles Hebert Cabaretier donant à loger, Tarif d'industrie 8. liv. Taxes de proportion.

Sa maison qu'il tient à loyer par 80. livres, Tarif 2. liv.

Efets dans le comerce, déduction faite de ce qu'il doit 1200. liv. Tarif 6. liv.

Total des Taxes de proportion, seize liv. ci 16. liv.

Taxe exigible augmentation faite des sous pour livre, par raport au mandement, c'est trente-deux livres huit sous.

Sur quoi déduisant quatre sous pour livre, montant 7. liv. 4. s. en faveur de sa déclaration, reste
25. l. 4. s. vingt-cinq livres quatre sous de Taxe exigible.

Denis du Moulin Journalier, chargé de quatre petits enfans, industrie un sou.

Sa maison qu'il tient à loyer par dix livres, Tarif cinq sous.

Taxe de proportion six sous, ci 6. s.

Taxe exigible, augmentation faite, &c. dix sous.

Sur quoi déduisant, &c. c'est huit sous exigibles.

Etienne Fantôme Maréchal sans revenu sufisant, industrie, Tarif 1. liv.

Sa maison qu'il tient à loyer par 15. livres, Tarif 7. s.

Rente de vingt sous, Tarif 2. s.

Total des Taxes de proportion 1. liv. 9. s. 1. liv. 9. s.

Taxe exigible, augmentation faite, &c. trois liv. douze sous.

2. l. 18. s. Sur quoi déduisant, &c. reste deux livres dix-huit sous d'exigible.

Etienne Praton Serrurier possedant 7. liv. de rente, industrie, Tarif 4. liv.

Maison qu'il tient à loyer par dix livres, Tarif cinq sous.

Taxes exigibles. Rente sur Pierre Launay 9. liv. Tarif dix-huit sous. Taxes de proportion.

Total des Taxes de proportion, cinq liv. trois sous, ci 5. liv. 3. s.

Taxe exigible augmentation faite, &c. sept livres.

5. l. 12. s. Sur quoi déduisant, &c. reste cinq livres douze sous d'exigible.

Total général des Taxes de proportion, monte à livres, ci

Total des Taxes exigibles, tant sur les déclarans que sur les non déclarans, monte à 2123. livres, ci 2123. liv.

Sur quoi tirant le contenu au mandement, & les deniers de colecte montant 2090. liv. ci 2090. liv.

Reste la some de 33. livres, que les colecteurs de cète anée mettront aux mains des Colecteurs de l'anée prochaine, pour être répartie au sou la livre au profit de la Comunauté. 33. liv.

Fait & arêté ce jour de par les Colecteurs soussignés, savoir Guillaume, &c.

On peut remarquer que quoique les Tarifs soient dans ce modelle de moitié moins forts que les Tarifs du Projet, il arive toûjours d'un coté que la Taxe totale exigible est la même, parce qu'elle doit être toûjours égale à la some portée par le Mandement, & de l'autre que les Taxes particulieres sont toûjours également proportionées entre elles.

MODELLE.

Papier de Recète.

DE LA PAROISSE D

GENERALITE' D

ELECTION D

ANE'E 1723.

Pour recevoir en 1724.

DRessé en conformité du Role Tarifé arêté ce jourd'hui par les Colecteurs soussignés.

Nota, *Les Colecteurs n'auront qu'à suivre le Role Tarifé pour les noms des Taillables, & mettront seulement sous l'article de chaque Taillable la Taxe exigible.*

Total du Mandement y compris les deniers de colecte, monte à la some de deux mille quatre-vingt-dix livres.

Résidens exemts.

M. Curé de la Paroisse.
M. Vicaire.
M. du Quesné Ecuyer.

Résidens Taillables.

Abraham Tirel, Notaire doit pour sa Taxe exigible quatre-vingt-dix-huit livres.

Nota, *Il faut laisser quatre lignes en blanc pour y mettre les payemens non en chifre, mais en écriture ;* mais la date en chifre payé vingt livres 14e. Janvier, payé seize livres, 28e. Avril payé douze livres ; 8e. Juillet payé vingt livres; 20e. Juillet payé dix livres douze sous ; 5e. Août payé dix livres huit sous ; 7e. Decembre.

Adam Boulon Laboureur doit pour sa Taxe exigible trois cens soixante & dix-neuf livres deux sous.

Bernard la Mare, Marchand doit pour sa Taxe exigible quarante-deux livres huit sous.

Charles Hebert Cabaretier doit pour sa taxe exigible vingt-cinq livres quatre sous.

Denis du Moulin Journalier doit pour sa Taxe exigible huit sous.

Etienne Fantôme Marchand doit pour sa Taxe exigible cinquante & huit sous.

Etienne Praton Serrurier doit pour sa Taxe exigible cent douze sous.

Fait & arêté conformement au Role Tarifé arêté ce jourd'hui par les Colecteurs soussignés, savoir Guillaume, &c.

Nota, *Le Role Tarifé & le Papier de Recète seront sujets au Sceau & autres formalités des Roles de la Taille arbitraire.*

AVERTISSEMENT.

JE sai bien que l'on pouroit ajoûter encore plusieurs articles au Projet de Reglement; mais après les Essais on jugera avec bien plus de lumiére des articles qu'il sera nécessaire d'ajoûter, que l'on n'en jugeroit présentement.

SUPLEMENT AU PROJET DE TAILLE TARIFÉE.

TROISIÉME PARTIE.

Usage que l'on peut faire de la Métode des Tarifs, & des déclarations volontaires de la Taille Tarifée dans la Répartition du subside des Decimes & autres Taxes Eclesiastiques, pour éviter les disproportions excessives.

N grand nombre de Diocèses se trouvent beaucoup trop chargés de Taxes Eclesiastiques les uns en comparaison des autres; tel Diocèse n'est qu'à deux sous pour livre, tandis que le Diocèse vexé est à quatre sous, & dans chaque Diocèse un grand nombre de Bénéfices sont excessivement chargés en comparaison des autres, par raport à leur revenu, & dans le Diocèse vexé, tel Bénéfice vexé est à huit sous

P

pour livre de son revenu, tandis que le Bénéfice favorisé n'est qu'à deux sous.

Un Abbé home de considération m'a dit depuis peu un fait qui est bien digne d'atention : il a un Bénéfice dans le Diocèse de Nantes, qui n'est ni trop ni trop peu chargé par comparaison aux autres Bénéfices du Diocèse ; il en a un autre dans le Diocèse de Châlons, qui n'est non plus ni trop ni trop peu chargé en comparaison des autres Bénéfices de ce Diocèse : celui de Nantes ne paye qu'environ sur le pied d'un sou pour livre de son revenu, tandis que celui du Diocèse de Châlons paye environ sur le pied de cinq sous pour livre de son revenu ; quelle prodigieuse disproportion entre Diocèse & Diocèse ? Or ne peut-il pas ariver, & n'arive-t'il pas même tous les jours une disproportion presqu'égale entre deux Bénéfices d'un même Diocèse ? Et alors la disproportion seroit decuple, ou comme un à dix ; ainsi de deux Bénéfices égaux en revenu, l'un dans un Diocèse favorisé, l'autre dans un Diocèse vexé, il peut ariver que l'un payera mille livres de Taxes Eclesiastiques, tandis que son égal ne payera que cent livres ; or laissera-t'on encore long-tems une disproportion si excessive, une injustice si criante sans aucun remede ?

Deux causes ancienes de ces disproportions excessives. 1°. Les anciens Répartiteurs firent leur anciene répartition par Diocèses sur l'estimation, qui fut faite ancienement par des Comissaires, qui firent les estimations du revenu des Bénéfices de chaque Diocèse ; mais ces estimations furent dès lors très-fautives, tant par le défaut de vérité des déclarations de la part du Bénéficier, que par le défaut de justice & de conoissance de la part des Comissaires, qui faisoient des informations & des estimations ; car en quelle espece d'afaires la recomandation partiale des Protecteurs & des persones de credit, ne combat-elle pas incessament, & le plus souvent avec succès contre la Justice non protegée ?

2°. Quand ces premiers Comissaires auroient été exactement informés il y a deux cens ans du revenu de tous les Bénéfices, quand ils n'auroient écouté aucune recomandation, il est arivé durant cet espace de tems de grands changemens dans chaque Bénéfice : les incendies ou bâtimens ruinés, les terres des Bénéfices baillées à rentes emphyteotiques, ou perpétuelles non en denrées, mais en livres numeraires, dont la valeur a baissé de plus de quatorze à un depuis le Regne de Louis XII. la diminution locale du comerce, la diminution de culture des terres d'un certain canton; ainsi il est arivé avec le tems qu'il y a des Bénéfices, dont le revenu a diminué d'un tiers, d'une moitié, tandis que d'autres ont augmenté d'un tiers, d'une moitié par de nouvelles constructions, par des deséchemens, par des défrichemens, par de nouveaux canaux faits pour le transport des bois & autres denrées, &c. Les anciénes estimations pour l'établissement des anciénes décimes, sont plus anciénes que Louis XII. & cependant ces anciénes estimations fautives dès leur origine, & devenuës encore plus fautives par les changemens arivés depuis dans les biens Eclesiastiques, sont la regle que l'on suit encore actuellement dans la répartition entre Diocèse & Diocèse, entre Bénéfice & Bénéfice, & le sujet de tant de justes plaintes.

MOYENS

De remedier à ces inconveniens.

1°. Que par un Reglement *le Bénéficier vexé ait la liberté de signer sur le Registre de la Chambre Eclesiastique la déclaration du revenu, & des charges de son Bénéfice, suivant le modelle qui sera prescrit avec soumission à la peine de fausse déclaration, qui sera du quadruple.*

2°. Que le Reglement porte, *que les Répartiteurs seront obligés de diminuer dès la premiere anée d'un dixiéme de la Taxe des Bénéficiers déclarans; & d'augmenter de ces dixiémes les Taxes des Bénéficiers non déclarans.*

3°. Que le Reglement porte, *que la seconde anée cète diminution sera d'un cinquiéme, & que l'augmentation de ce même cinquiéme sera répartie au sou la livre par les Répartiteurs, ou membres de la Chambre Eclesiastique jusqu'à ce que tous ayent signé leur déclaration.*

Il arivera qu'en moins de trois ans la Chambre aura les déclarations du revenu réel de tous les Bénéfices, & les aura justes; or il sera alors bien facile à la Chambre de répartir le total de la Taxe du Diocése au sou la livre sur le revenu de chaque Bénéfice, c'est-à-dire, avec proportion & avec justice, sur tout si cela est ainsi ordoné par un Reglement.

On poura dans une Assemblée du Clergé comparer les Diocèses entre eux par raport à un même Tarif de suposition, par exemple, de deux sous pour livre du revenu du Bénéfice, & l'Evêque du Diocèse vexé en raportant le role des déclarations des Bénéficiers & autres Eclesiastiques de son Diocèse, qui démontrera que les Taxes de son Diocèse sont, par exemple, à quatre sous pour livre du revenu des Bénéfices, tandis que les Taxes du Diocèse voisin ne sont que sur le pied de deux sous pour livre du revenu des Benefices, il sera facile à l'Assemblée de faire une adition du total de tous les roles de tous les Diocèses, & de faire un Tarif comun pour répartir par Diocèse avec proportion le total des décimes ordinaires & extraordinaires, que le Roi a demandées : ce qui jusqu'ici a été très-inutilement désiré, tant par les Evêques équitables & par les Bénéficiers oprimés, que par le Conseil qui désire l'observation de la Justice.

MOYENS SUBORDONE'S.

Pour encourager davantage les Chambres Eclesiastiques à souhaiter & à pratiquer cète métode, il est à propos que par le Reglement le Roi ordone, *que les membres de ces Chambres seront exemts de la moitié de leur Taxe, & l'Evêque des trois quarts de la siéne, & que cète moitié, & ces trois quarts sera rejetée sur le total, ainsi que les frais du recouvrement, & qu'ils auront à leur profit la moitié du quadruple ordoné contre les faux déclarans, & l'autre moitié au profit des Bénéficiers qui auront déclaré juste.*

Il est aisé de voir, 1°. Que la Chambre Eclesiastique de chaque Diocése sera sufisamment interessée à l'execution de ce Reglement, qu'ainsi il sera executé. 2°. Que dans deux ou trois ans tous les Evêques auront la déclaration juste du revenu de chaque Bénéfice. 3°. Que dans deux ou trois ans tous les Evêques pouront porter à l'Assemblée générale au Grefe général du Clergé l'état au vrai du revenu Eclesiastique de leurs Diocéses. 4°. Par conséquent on poura faire alors la répartition du subside avec proportion sur les Diocéses. 5°. Le Conseil vèra alors avec seureté quelle est la proportion des Taxes ou subventions Eclesiastiques avec le revenu Eclesiastique pour ne pas charger excessivement.

A Crevecœur sur-Ure. Juin 1723.

APROBATION.

J'Ay lû par ordre de Monseigneur le Garde des Sceaux ce Manuscrit intitulé: *Suplement au Projet de Taille Tarifée*, & je n'y ay rien trouvé qui puisse en empêcher l'impression. A Paris ce sixiéme Juillet mil sept cent vingt-trois.

Signé DE SACY.

www.ingramcontent.com/pod-product-compliance
Ingram Content Group UK Ltd.
Pitfield, Milton Keynes, MK11 3LW, UK
UKHW020322250726
13967UKWH00004B/1817